JN251212

三遠南信地域連携ブックレット

5

人をコンテンツにする地域づくり

文部科学省共同利用・共同研究拠点「越境地域政策研究拠点」

愛知大学三遠南信地域連携研究センター 編

［目　次］

はしがき …… 3

第一部【基調講演】…… 5

「人をコンテンツにする創造的な地域づくり
～徳島県神山町の地域づくりの取り組み～」

大南信也氏（NPO法人グリーンバレー理事長）

第二部【パネルディスカッション】…… 51

「外部人材の活用と創造的地域づくりの可能性」

パネリスト

松島貞治氏（長野県泰阜村村長）

原和男氏（和歌山県那智勝浦町色川地域振興推進委員会会長）

石國佳壽子氏（島根県邑南町　地域おこし協力隊・アグリ女子）

コメンテーター

黍嶋久好氏（三遠南信地域連携研究センター研究員）

コーディネーター

岩崎正弥氏（地域政策学部教授・三遠南信地域連携研究センター人材育成部門責任者）

はしがき

本書は、二〇一五年一月三一日に愛知大学三遠南信地域連携研究センターが主催したシンポジウム「人をコンテンツにする地域づくり」の記録である。現在、我が国では持続可能な地域づくりを目指した地方創生に、各地域が取り組んでいる。その地域づくりを担うのが「人」である。人を材料と考える「人材」から地域最大の財産であることを示す「人財」へと、多くの取り組みも移行しようとしている。しかし、そこに明快な戦略を持ち得ないもどかしさを、私自身も感じてきた。このシンポジウムでは、地域づくりへの人材の役割について、徳島県神山町の大南信也氏（NPO法人グリーンバレー理事長）の豊富な実践にもとづいた基調講演、地域づくりのスペシャリストである松島貞治氏（長野県泰阜村村長）、原和男氏（和歌山県那智勝浦町色川地域振興推進委員会会長）、石國加壽子氏（島根県邑南町地域おこし協力隊・アグリ女子）によるパネルディスカッション「外部人材の活用と創造的地域づくりの可能性」が行われた。まさに時宜を得た内容であり、地域づくりに携わる多くの方々の参考になると思う。

さて、主催者である愛知大学三遠南信地域連携研究センター（以下、本センター）について、若干ご説明をしたい。一九四六年に設立された愛知大学は、設立趣意書に「大都市ヘノ偏重集積ヲ排シ、地方分散コソ望マシ」と謳っており、本センターはこの建学の精神にもとづいて、二〇〇四年に大学発祥の地である豊橋校舎に設立された。目的は、大学が主体的に地域社会貢献を果たし「新しい公共」の一角を担うことである。本センターの名称である三遠南信地域は、愛知県東三河地域、静岡県遠州地域、長野県南信州地域からなり、県境を跨いだ越境地域である。本センターは、三遠南信地域を主たる対象地域としながら、国際的な比較研究、地域連携型ＧＩＳ（地理情報システム）などの学術的な研究と実際の地域づくりの連動を目指してきた。

二〇一三年四月からは、文部科学省共同利用・共同研究拠点事業の「越境地域政策研究拠点」に採択され、三遠南信地域と同様に国内、国外の越境地域での政策研究を実施している。我が国を例にとると、地域政策は国・県・市町村という三層制で形成されており、行政境界を跨いだ越境地域が主体的に地域政策を構築することは、政策の階層構造に反することになる。従って、そこには自律的な政策機関は存在し難く、地域政策自体の形成も困難である。一方、越境地域政策を構築することは、従来の地域政策との間に摩擦を生じながらも、必然的に地域自律を促進することとなる。従前の階層構造を前提とするならば、新たな地域政策実験とみなすことができるであろう。本センターの特質は、主として我が国の県境地域を対象に地域政策実験としての実証性ある研究を実施することにある。

本センターの体制は、研究部門と人材育成部門を両輪としている。研究部門は、地域政策を総合化する「地域計画コア」、行政境界で分断される政策情報を連動する「情報プラットフォームコア」、情報プラットフォームを活用して地域計画の視点を計量化する「地域モデルコア」の三つの研究分野である。こうした研究を具体的な地域づくりに展開するのが、人材育成部門である。パネルディスカッションでコーディネーターを努めた岩崎正弥教授が部門責任者であり、シンポジウムの題名である「人をコンテンツにする地域づくり」を基本的な理念として実践的研究を進めている。

最後に、本シンポジウムにご協力を頂いた皆様に篤く御礼を申し上げたい。

愛知大学三遠南信地域連携研究センター長　戸田敏行

第一部

基調講演

文部科学省　共同利用・共同研究拠点「越境地域政策研究拠点」
「人をコンテンツにする地域づくり」シンポジウム

「人をコンテンツにする創造的な地域づくり
〜徳島県神山町の地域づくりの取り組み〜」

大南信也氏（ＮＰＯ法人グリーンバレー理事長）

日　時：二〇一五年一月三一日一三：〇〇〜一六：〇〇
場　所：愛知大学豊橋校舎記念会館小講堂

【注】

本シンポジウムは、配布資料をもとに当日のパワーポイント（ＰＰＴ）スライドに従って進められた。本ブックレットには配付資料を掲載しており、ＰＰＴに従って行われた講演内容の一部のスライドが欠如している。ややわかりにくい面があるかもしれないが、当日のシンポジウムの雰囲気を再現するために、あえて配付資料には合わせない形での原稿としたことを予めお断りしておきたい。

皆さん、こんにちは。徳島県の神山町から参りました。NPO法人グリーンバレーの理事長をやっております大南信也です。今から四〜五年前くらいに、このようなシンポジウムが開かれたとしますと、「私は徳島県のかみ……」と自己紹介をし始めますと、だいたいの方が勘違いをされました。「ああ、おばあちゃんが、あの葉っぱを売りよる町な」ということで、お隣の上勝町とよく間違われていたかなと思います。最近では、「あ、あのITベンチャーの人たちが、河原に足をつけて本社との間でテレビ会議をしとる町な」ということで、少しは知られてきたのではないかと思います。

あとでもお話ししますが、私自身は二十数年ぐらい前から仲間と一緒に、「もうちょっと神山を面白い町にしたいな」ということで活動を続けてきました。当時、神山町は石に例えると冷たい石のようでした。ところが、「石の上に三年」という言葉もありますが、仲間と一緒に二十何年間も石の上に座り続けていたら、自分たちの体温だけでも石は温まってくるものだなという気がしています。

今はサテライトオフィスとか、いろいろなことが起きて、皆さん方の注目を集めているのではないかと思います。たくさんの方が視察に来られています。二月だけで三〇〇人以上の方のお相手をさせていただきました。

しかし、視察に来られた人が、今、神山で起きている結果だけをなぞって帰ったら何にもならないのだろうと危惧しています。結果には、必ず経過があります。物事のプロセスを学ぶことをせずに結果だけをなぞって、「ああいう現象が起きているから、うちの町でもそのままやってやろう。条件を揃えてやろう」ということでやっても、うまくいかないのではないかという気がしています。

アメリカの名コーチ（コーチング）といわれるアンソニー・ロビンズ（Anthony Robbins）は、「人は一年でできることを過大評価しすぎて、一〇年でできることを過小評価しすぎる」と言っています。やはり、いろいろなことは少しずつ時間をかけていくプロセスの中で結果が生み出されるということが、一番のポイントになるのではないかと思います。

今日は、NPO法人グリーンバレーに、あまり光が当たらなかった時期に何をやっていたのか、どのような物事との向き合い方をやっていたのかということを、もし学ぶところがあるとすれば学んでいただきたいと思います。

▼スライド：神山プロジェクト～人をコンテンツとする創造的な地域づくり～

今から八年程前に「創造的過疎」という言葉をつくりました。創造的過疎とは何でしょうか。二〇〇八年を境に、日本全体が人口減少の時代に入っています。今まで人口を増やしてきたような都市部周辺でも、これから人口減少が起きるということです。

では、今まで人口を失ってきていた神山町のような過疎地で、劇的に人口が増加したり、横ばいになることを、もう考えるべきではないと思います。ですから、

神山プロジェクト　～ 人をコンテンツとする創造的な地域づくり ～

特定非営利活動法人グリーンバレー理事長　大南信也

【1】創造的過疎とは？

過疎化の現状を受け入れ、外部から若者やクリエイティブな人材を誘致することによって「人口構成の健全化」を図るとともに、多様な働き方が可能な「ビジネスの場」としての価値を高め、農林業だけに頼らない、バランスの取れた、持続可能な地域を目指す。

【2】過疎地における課題　⇒ 雇用がない。仕事がない。

① 若者が古里へ帰って来られない
② 移住者を呼び込めない
③ 後継人材が育たない

【3】神山プロジェクト

① サテライトオフィス（場所を選ばない働き方が可能な企業の誘致）
② ワークインレジデンス（仕事を持った移住者や起業者の誘致）
③ 神山塾（職業訓練、起業支援等による積極的な後継人材の育成

過疎化の現状を受け入れてしまいましょうと。そうしたときに、数だけではなく、もう少し内容的なものにスポットライトを当てましょうということです。

外部から若者やクリエイティブな人材を誘致することで、人口構成の健全化を図ったり、あるいは神山町のような中山間の町は、今までは農林業を中心にいろいろな産業政策がおこなわれてきましたが、うまくいっているところは多くないように思います。そこで、ガラリと発想を転換します。多様な働き方が可能なビジネスの場としての価値を高め、農林業だけに頼らないバランスの取れた持続可能な地域を目指すこと、これが創造的過疎の考え方です。

日本の地方、そして、過疎地には大きな課題があります。雇用がない。仕事がない。その結果、若者が古里へ帰って来られない、あるいは移住者も呼び込めないのです。そのため、後継人材が育たないという状況が日本の至るところで起きているのではないかと思います。このような問題を、神山町の場合は「神山プロジェクト」で解決をしようとしています。

先ずはサテライトオフィス。場所を選ばない働き方が可能な企業を誘致することです。例えば、神山町で生まれ育った人たちが、「ああいう職種に就けば、自分たちも町に帰って来られる」というメニューを見せて、少しずつ地域における世代間の循環を取り戻していく必要があるのではないかと思います。

ところが、日本の地方では、その世代循環が非常にか細くなっています。ですから、これだけに頼っていても地域は持続していかないということです。当然、外部から移住者に来てもらう必要があります。しかし、仕事がありませんから、雇用もありませんので、移住者にも来てもらえません。この問題を神山町の場合は、「ワークインレジデンス」というプログラムで解決しようとしています。

これは地域に雇用がなく仕事がないのであれば、仕事を持った移住者に移住して来てもらえば、この問題は解決できるのではないかという考え方です。それとともに、「神山塾」という塾をNPO法人で運営して、職業訓練・起業支援などをおこない、積極的な後継人材の育成を図っているところです。

徳島県神山町の人口は約六〇〇〇人です。今から六〇年前の一九五五年に五つの村が合併してできたときは人口二万一〇〇〇人でした。もう三割以下に激減しているということです。今日、お越しの皆さん方のどの町よりも過疎化が進んでいるのではないかと思います。

▼スライド：過疎の町で起こった二つの異変

最近、過疎の町で起きた二つの異変ということで、少し注目を浴びております。二〇一一年度の社会動態人口です。当然、過疎の町ですから、これまで転出者が転入者をずっと上回ってきました。今から七～八年前は、一〇〇人強の転出超過となっていました。その

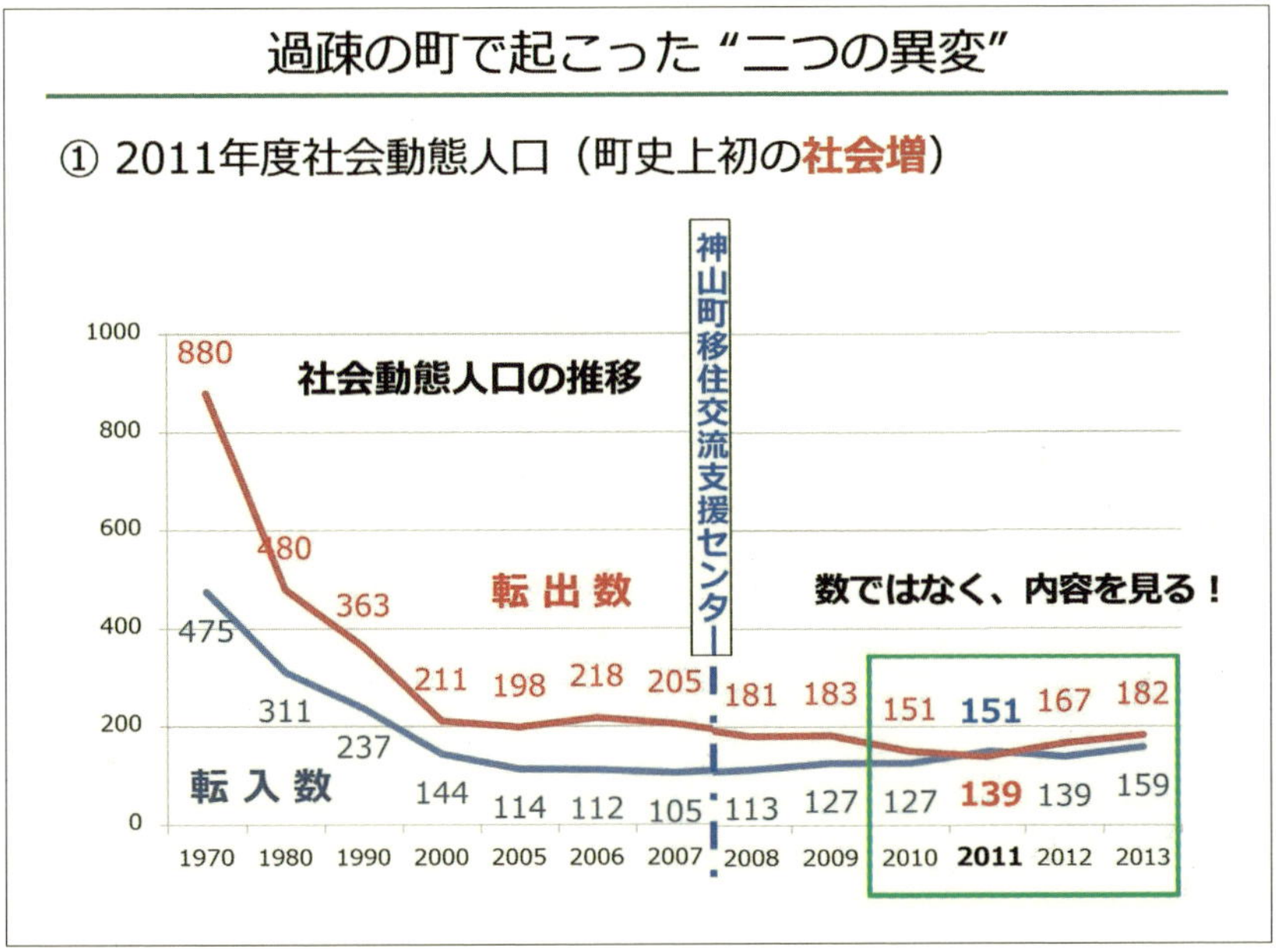

運営が民間団体であるグリーンバレーに任されました。それが効果を発揮したのかどうかわかりませんが、数値が改善します。二〇一一年には、わずか一二名ですが、初の転入超過となりました。

ところが、翌年から社会減に逆戻りしますがそのマイナスの数です。「マイナス二八」「マイナス二三」。何もやらなかったときは、一〇〇以上のマイナスが出ていたわけですから、ずいぶん改善をしてきていると思います。それとともに創造的過疎の考え方は、数ではなくて内容を見ていこうということです。過去四年間に入ってきた人たちを分析していきます。

▼スライド：移住センター経由の移住者

この間に移住交流支援センター経由で、五八世帯一〇五名（うち子ども二七名）が転入してきています。緑色の丸印は大人の数です。黄色の丸印は子どもの数です。だいたい出身地も表しています。東京周辺から神山町に入ってくる子たちは「1」の数が並んでいます。単身者が圧倒的に多いことを示しています。

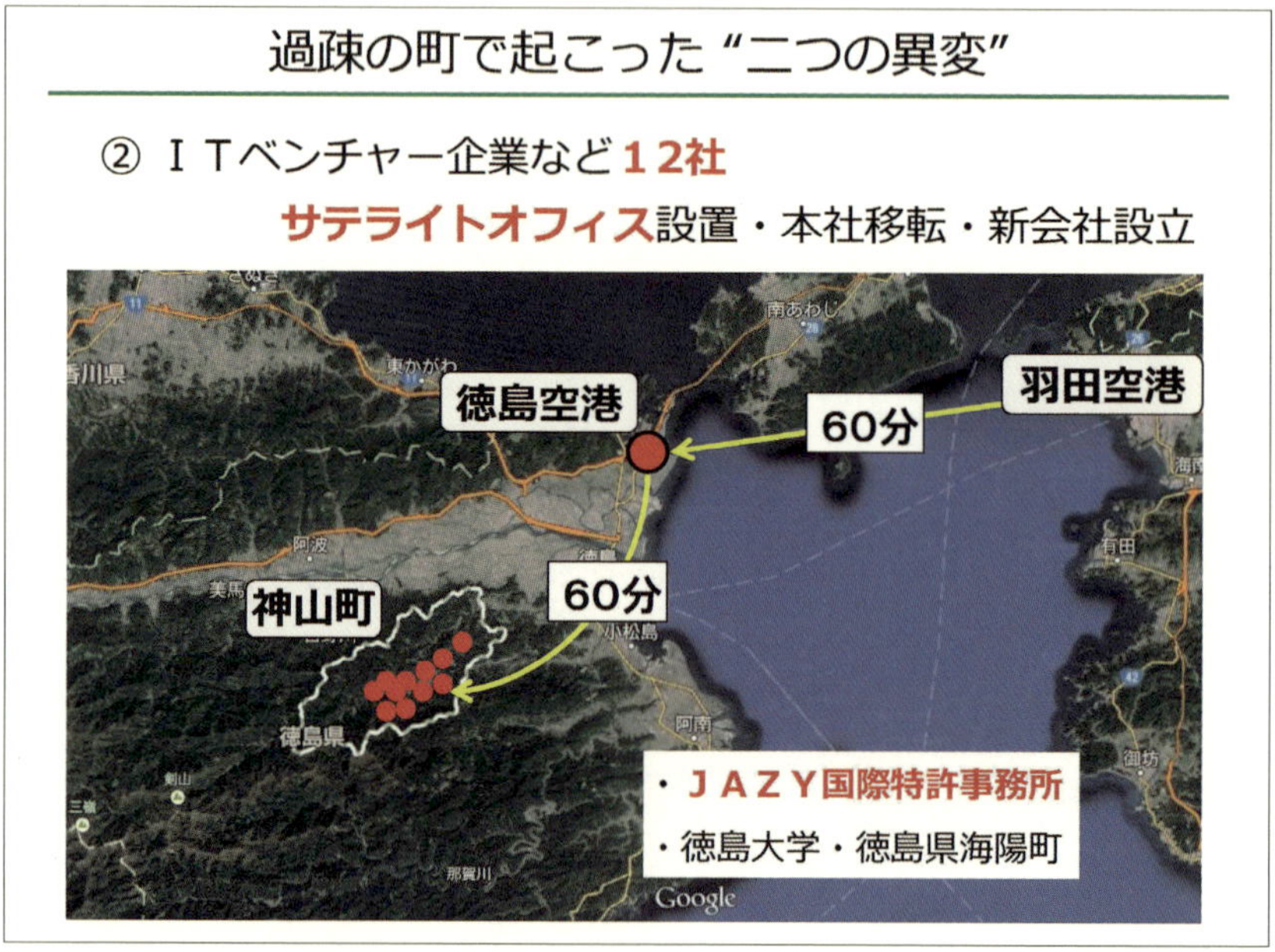

では、全体の特徴はどうでしょうか。平均年齢が三〇歳前後です。非常に若い層の人たちが入ってきていますから、多少の社会減を起こそうとも町の活力は失われてないのではないかという見方です。

それとともに、神山町にＩＴベンチャーなどのサテライトオフィス一二社が進出しています。神山町の地理的条件は、羽田空港から飛行機で六〇分、徳島空港から車で六〇分という位置にあります。

実は、一月末までは一一社でした。二月初旬国際特許事務所がサテライトオフィスを置くことになりました。この後会計事務所、弁護士事務所、さらにファンドを扱うようなものが集積していけば、自然とインキュベーションの場になるのではないかと考えています。

さらに、徳島大学が神山町にサテライトオフィスを置いたり、徳島県海陽町の役場が、神山町に職員を三カ月間ずっと張りつけて、今、神山で何が起こっているかということを学ばせています。

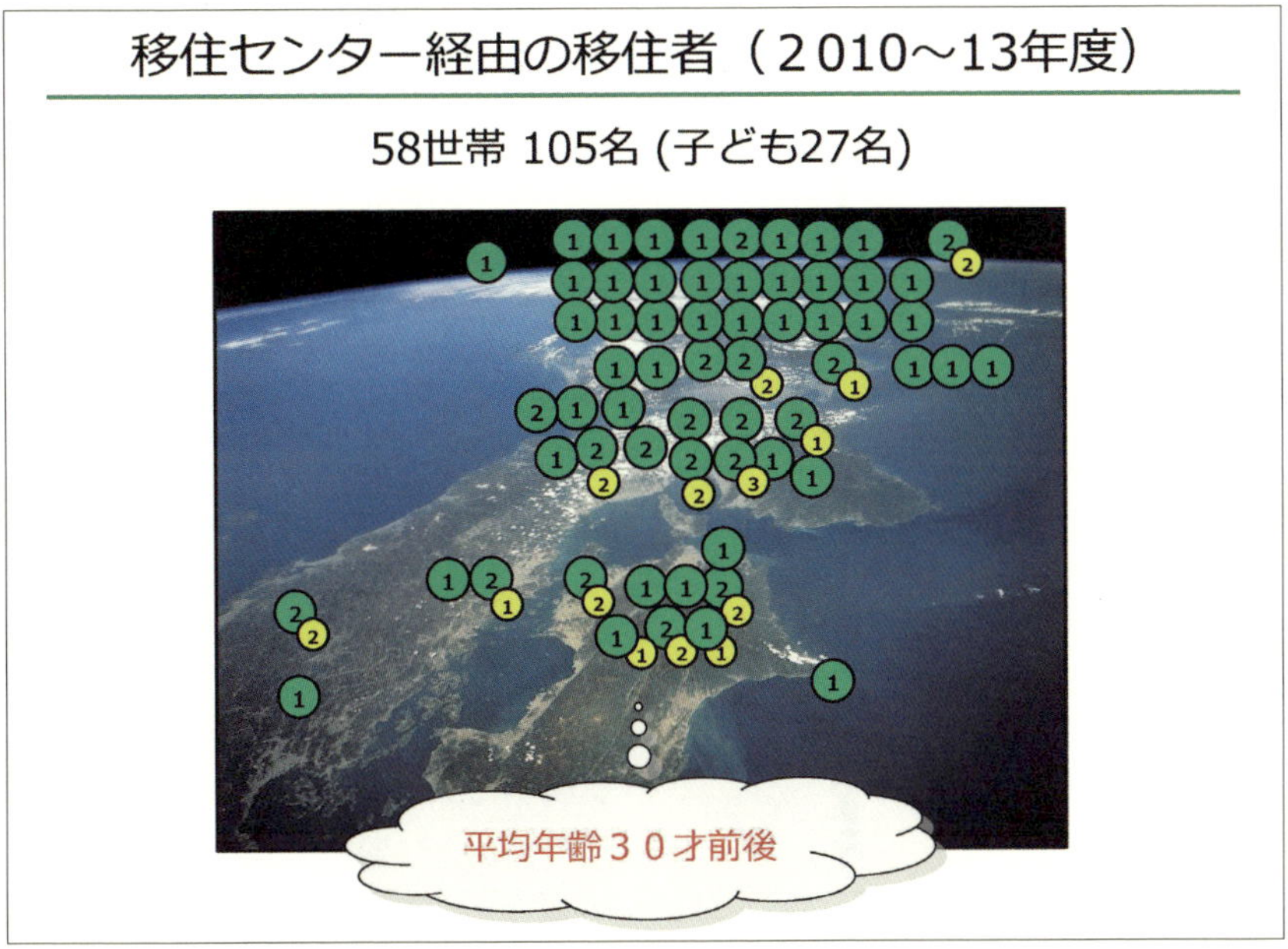
移住センター経由の移住者（2010～13年度）
58世帯 105名 (子ども27名)
平均年齢３０才前後

▼スライド：グリーンバレーの軌跡

では、何から始まったかという話をしたいと思います。スタートは一体の人形です。一九二七年に、アメリカから日本に送られた友好親善人形、「青い目の人形」と呼ばれています。当時、日米関係は非常に険悪でした。それを子どもの世代から少しでも改善していこうということで、アメリカで日本の子どもたちに人形を贈ろうという運動が起こりました。一セント募金がおこなわれ、一万二七三九の人形が仕立てられ、一九二七年二月に横浜の港に着きました。

受け取った文部省（現文部科学省）は、全国の小学校や幼稚園に人形を配布しました。日本には無かった人形だったので、大歓迎を受け、人気者になりました。ところが、一九四一年の太平洋戦争が始まりますと、逆にキャンペーンの対象となりました。敵国から贈られてきた人形だから、「焼いてしまえ、壊してしまえ」というキャンペーンが全国で起こり、ほとんどの人形が壊されてしまいました。

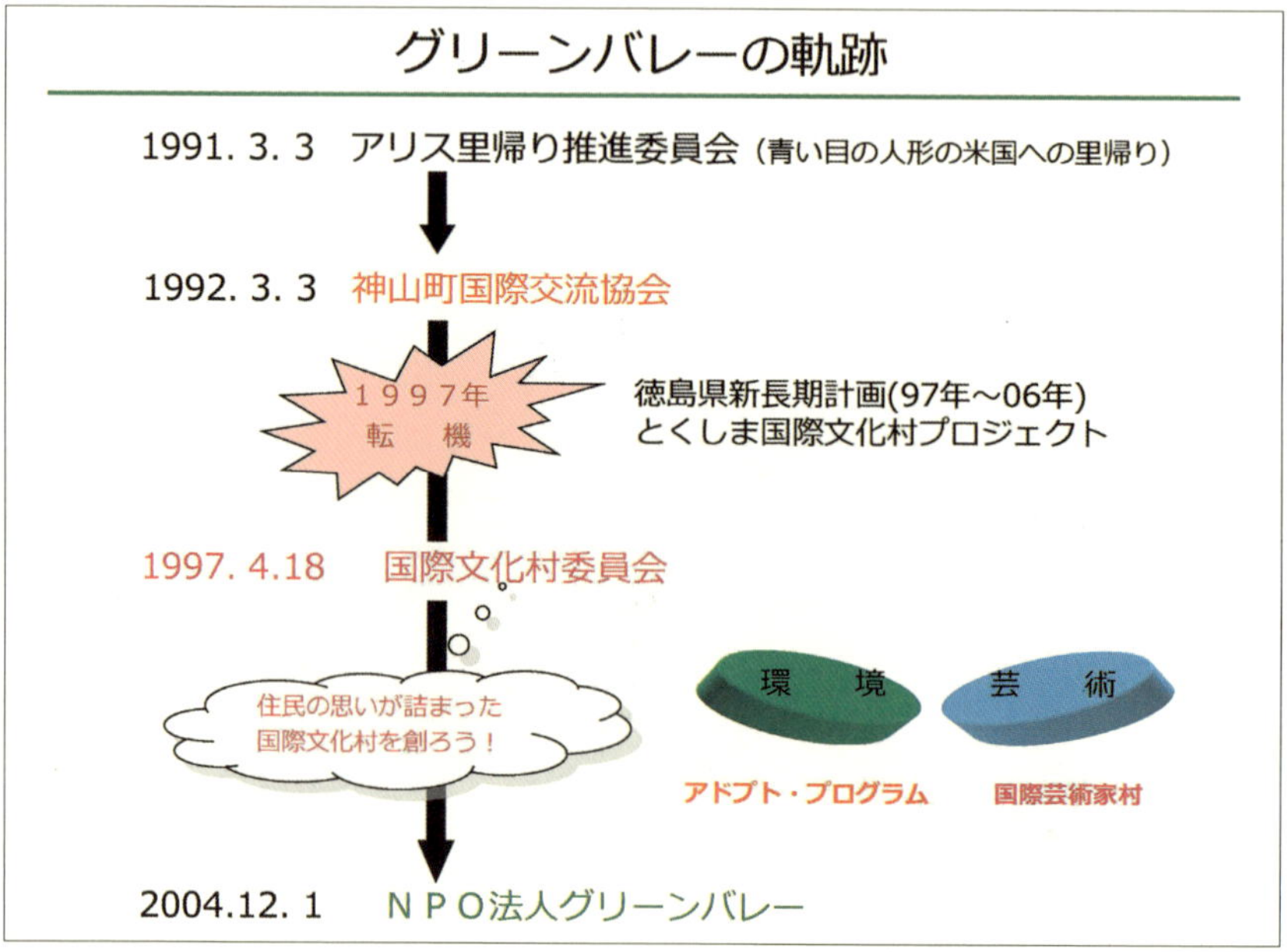

現存しているのは全国で約三二〇体です。そのうちの一体が、私の母校である神山町神領小学校に残っていました。では、なぜ残ったのでしょうか。当時、神領小学校の女性教師だった阿部ミツエ先生が、「人形に罪はない」ということで、木箱に入れて用務員室の戸棚の奥深くにしまっておいたわけです。ですから、今まで人形が無事だったということです。

一九九〇年に、私の長男が幼稚園に行き始めます。そのためPTAの会合で十数年振りに学校を訪れました。すると廊下に、この人形が飾られていました。校長先生にいろいろと見せてもらいました。人形がパスポートを持っていました。そこに出身地ペンシルバニア州ウィルキンスバーグという名前が書かれていました。六三年前に贈られてきた人形です。当時、一〇歳の女の子が贈ってくれたとすれば、その人は七三歳。まだ生きておられるかもしれません。そこで、誰が人形を贈ってくれたのか探し出してやろうと、ウィルキンスバーグ市長宛てに贈り主探しを依頼する手紙を書きました。

半年後、向こうから「見つかりました」という連絡がありました。見つかったのであれば、この人形は日本の神山町にお嫁に来たのと同じですから、一度、里帰りさせようという運動を起こしました。

一九九一年三月三日に、「アリス里帰り推進委員会」をつくりました。五カ月後、町民三〇名の訪問団を結成しました。うち一〇名は子どもたちの代表です。小学校、中学校、高校の代表の子どもたちです。この子たちの旅費・滞在費は、全て神山町役場が出してくれました。ところが、随行していった二〇名の大人たちは全て自費で三十数万円の交通費・滞在費を払って、この人形一体を連れ帰るために一緒に行ってくれました。

そのとき、のちにグリーンバレーの中心になる人間が五名、この同じ体験をしていたことが一番大きかったのではないかと思います。

写真（なし）は三八歳のときの私です。髪が黒々としています。もし、この里帰りに参加していたのが私だけだったとしたら、どのような里帰りだったのかということを、帰ってきて仲間に自分の言葉で伝えます。「どうだった？」「面白かったよ」「どういうふうに？」「いや、とにかく面白かった」、これでは通じません。ところが、同じ体験をした五名のなかでは、「あのとき、とにかく……」という話で通じるということです。ですから、地域づくりなど、いろいろなことのスタートは、複数の人間、できれば五名ぐらいの人間が同じ小さな成功体験を共有することが重要になります。その意識を共有するところから始まっていくのではないかと思います。

その翌年、アリスの会は発展的解消をして「神山町国際交流協会」をつくります。この人形によって一つのきっかけができたから、人形をもう少し掘り下げていけば、神山町をわくわくするような場所にできるかもしれないということで、いろいろ仕掛けていくことになります。昭和の人形交換があったわけですから、平成の人形交換があってもいいでしょうと。神山町の小学校とアメリカの小学校を結び、両者で人形を交換したり、子どもたちに文通をさせるなどいろいろ仕掛けるわけです。

ところが、二年経っても、三年経ってもあまり変化がありません。「やっぱり、うちの町は、地域おこしとか、地域づくりは無理なんかな」と思い始めていたときに転機を迎えます。一九九七年、徳島県が「新長期計画」という総合計画を発表しました。そのなかに、神山町を中心とした地域に「とくしま国際文化村」をつくるという、わずか三行の記事が新聞に載りました。

これを見たときに、国際交流協会のメンバーで議論したことは、これから一〇年後、二〇年後を考えれば、県や市町村がつくったような施設であっても、必ず住民が管理・運営するよう時代がやって来る。だとすれば、与えられたものでは絶対にうまく運営できないと。そこで、こういう国際文化村が必要だということを徳島県に提案をしていこうという動きを始めました。このあたりから少しずつ変わってきた感じがします。

これまでの神山での町づくりは、イベントやプロジェクトを続けていれば、その向こう側に何かが見えてくるだろうという予報で動いていたわけです。ところが、結果的に何も見えてこなかったわけです。では、ここで何を始めたのかといいますと、今度は、一〇年後、二〇年後の町の姿をイメージしたわけです。そこから逆算をして現在に下ろしていき、今、何をやっておかなければいけないのかということを考え始めます。

ですから、今までは現在から町を見ていましたが、未来から見始めると違う姿が見えてきたということです。そこで、「国際文化村委員会」を組織します。二五名ぐらいの委員会で、役場の職員にも五名くらい入ってもらいました。このなかでいろいろと議論を進めていき、いくつかのプロジェクトが巣立ちました。最終的に、それらを統括運営するために、二〇〇四年にNPO法人グリーンバレーが出来上がったということです。

ところが、この国際文化村委員会を開いたときに困ったことが起きました。困ったことが起きるというよりは、困った人が会合に現れました。誰が現れたのでしょうか。「アイデアキラー」と呼ばれる人です。アイデアキラーとは何かわかりますか。アイデアを破壊する人です。過去の失敗などを例に挙げながらアイデアを破壊するのです。会合や組織でも、会社でも一五%か二〇%くらいの人がその要素を持っています。

アイデアキラーは何をするのでしょうか。例えば、誰かが一つアイデアを出します。「あんたが、今言った話は五年前にもあった。あのとき、うまいことといかなかった。その理由は、いいな、いいなって言うたけど、誰も先頭に立たんかった」と。また、違う人が違う意見を言います。「あんたが言いよるのも三年前に出てきた。あのとき駄目だった理由はお金がない、予算がないと言って、前に進まなかった」と。とにかく、出てくるアイデアを自分たちの過去の失敗に照らし合わせて結果論で否定していきます。これは結構、効き目があります。なぜでしょうか。この失敗の経験を、みんなが共有しているわけです。その傷口に、あらためてスポットライトを当てて、「だから駄目なんだ、結果は出ているだろう」と言われたら、妙に納得してしまうということです。

このアイデアキラーには一つの特徴があります。二言目に言う言葉は、「難しい。無理だ。できない」、この言葉でいいアイデアをつぶします。もし、このアイデアキラーが、会社などに現れたら、「俺は聞いていない。誰が責任を取るのか」、これもアイデアキラーの言葉です。

さらにアイデアキラーが、愛知県・長野県以外の行政に現れたら、「前例がない」という言葉でいいアイデアをつぶしていきます。人間は、前例のないことに直面すると困ったなあと考えます。なぜでしょうか。それに対処するようなマニュアルがないからです。

ところが、前例のないことは困ったことではなくて、時代の歯車を回すチャンスが来たと考えるべきだと思います。なぜでしょうか。前例のないことを、静かに長時間観察していたら、いつか誰かが必ず前例をつくっています。だとすればそれに直面した人間が、なぜチャンスを活かさないのでしょうか。前例のないことに前例が生まれると、またアイデアキラーは口を開きます。「俺、最初からわかっとった」というわけです。わかっていたのなら、なぜやらないのですかという話です。

このアイデアキラーは、組織や会社のなかにだけ現れるのでしょうか。そうでもありません。私たちの心の中にもアイデアキラーはいます。

例えば、地域づくりを進めるときに、今日は村長さんが来られていますが、「泰阜村は特別なんだ」という言い方をする人がいます。「うちの町は、山奥だから、島だから、雪国だから、あなたの町とは根本的に条件が違うんです」と。この言葉を言った時点で、ほぼ可能性はゼロです。なぜでしょうか。山奥であること、島であること、雪国であることを、自分たちの力で変えられるかどうかの問題です。絶対に変えられません。変えられないことは、もう受け入れるより仕方がないわけです。前提条件として受け入れるしかないのです。いくら悔やんだところで何も変えられないということです。

もしアイデアキラーが、みんなの心の中、会社や組織のなかに現れたらやっつける必要があります。その方法です。グリーンバレーは二つの言葉を使いました。「できない理由より、できる方法を考えよう。もし、その方法が見つかったら、とにかくやってしまおう」。

「できない理由よりできる方法を」というのは、単なるものの見方です。同じものを見たときに、最初からできないと思って決め付けて見るのか、できないと思っているけれども何かいい方法があるはずだと思って見るのか。結果はまったく違ってきます。人間はオープンで開放的に物事を考えたら、いいアイデアが浮かびます。ところが、駄目だ、駄目だと、閉塞し始めたら、絶対にいいアイデアは浮かびません。

さらに、アイデアや方法が見つかったとしても、そのままにしておいては何も変化がないということです。すぐに何かやってしまうということです。やることによって、物事の展開を変えて、そこにあぶり出されてくる問題・課題を一つ一つ解決していくほうが、いろいろなことがスムーズに進んでいきます。

「とにかく始めろ!」という言葉を英語では「Just Do It」です。これを、阿波弁・徳島弁に翻訳すると、「やったらええんちゃうん」になります。これはグリーンバレーで共有されている考え方です。「やったらええんちゃうん」同じような言葉を言われた人がいます。サントリーの創始者の鳥井信治郎さん、松下幸之助さん、「やってみなはれ」と同じです。

要は、明治、大正、昭和も平成も物事の心理は変わらないということだと思います。何かを見つけた人、動かした人は、必ず行動しているということではないかと思います。

国際文化村プロジェクトでは最終的に、環境と芸術の二つの柱をたてました。環境については、「アドプトプログラム（アドプト・ア・ハイウェイ・プログラム）」です。これは道路清掃のプログラムです。アメリカで非常に効果を発揮していますが、日本ではおこなわれていません。これを神山町に初めて導入することによって、道路にゴミが落ちていないことを文化の一つの表現にしていこうと。

▼スライド：神山アーティスト・イン・レジデンス

芸術については、「神山アーティスト・イン・レジデンス」、芸術家村をつくろうということで始めました。大きな変化を起こしたのは、アートのプログラムです。一九九〇年から始まりましたので、今年で一七年目を迎えます。具体的に、日本人一名、外国人二名の

神山アーティスト・イン・レジデンス（KAIR）

芸術家（日本人1名・外国人2名）招待。住民が制作の支援

芸術家三名を神山町に招待するわけです。そして、その人たちが作品をつくります。住民は、その制作の支援をしていこうというプログラムです。

アートによるまちづくりは、全国的に大流行しています。もうインフルエンザ並みの流行です。この場合、二つの手法があると思います。

▼スライド：アートによるまちづくり

ほとんどの自治体は、芸術で見学に訪れる観光客を呼び込もうとします。観光客が落としていってくれるお金で地域を活性化させていこうという方策です。非常にわかりやすいですね。観光客を呼び込もうと思えば、評価の定まった有名なアーティストに作品をつくってもらい、その作品で観光客を誘客しようとするわけです。

ところが、神山町のプログラムは二つの大きな弱点を抱えています。一つは資金が潤沢ではないことです。少ない資金で運営しているので、有名なアーティストに来てもらえません。また、住民自身がスタートさせ

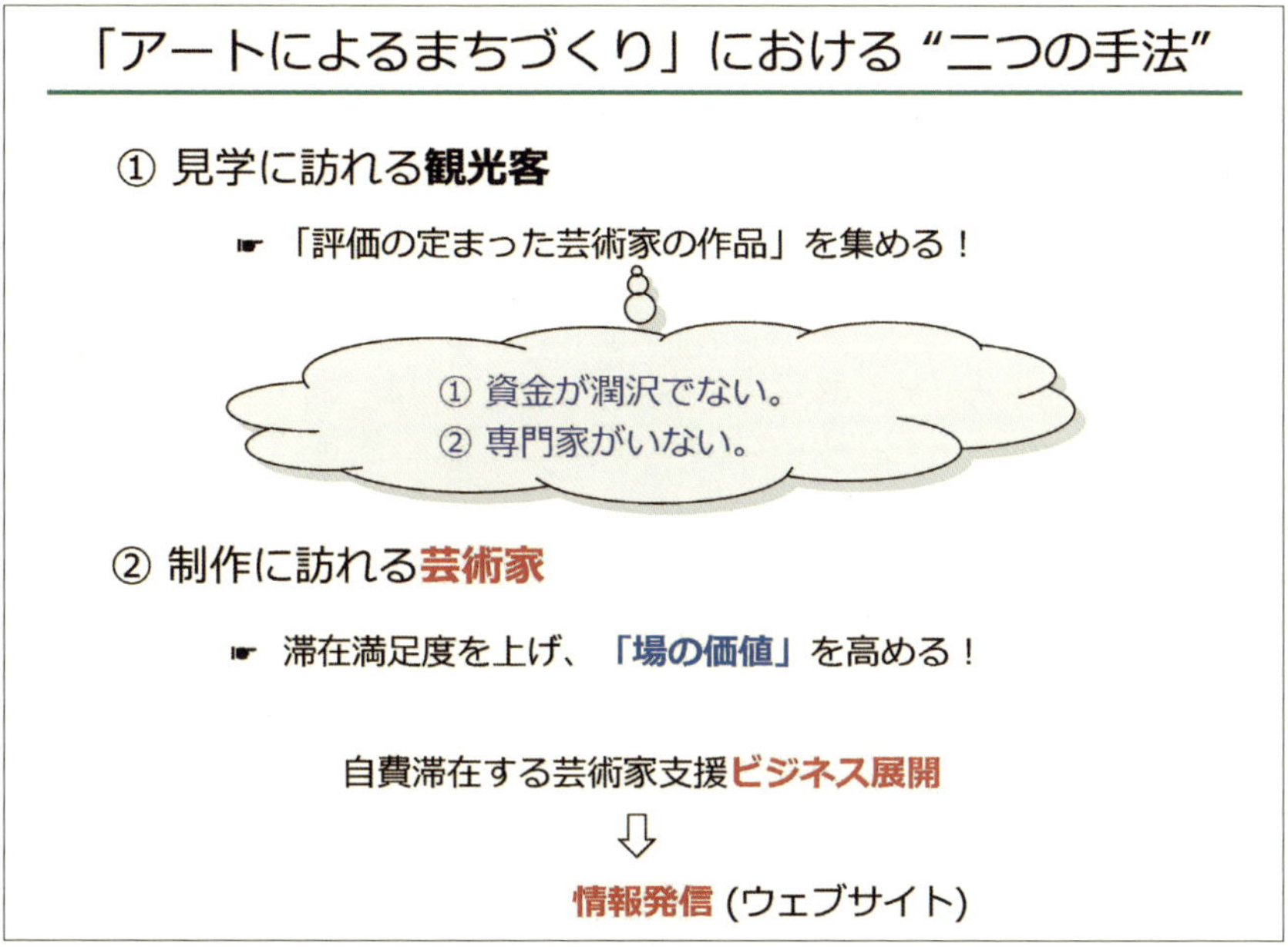
「アートによるまちづくり」における“二つの手法”
① 見学に訪れる観光客
☛ 「評価の定まった芸術家の作品」を集める！
① 資金が潤沢でない。
② 専門家がいない。
② 制作に訪れる芸術家
☛ 滞在満足度を上げ、「場の価値」を高める！
自費滞在する芸術家支援ビジネス展開
⇩
情報発信 (ウェブサイト)

たプログラムですから、アート教育をきちんと受けた専門家がいないのです。自分たちのなかにアートを評価する仕組みを持っていないということです。美術館のような真似はできないわけです。アートを高めようと思っても、それだけの力がないわけです。そこで、発想を転換します。アートは高められなくても、アーティストは人間だから高められるのではないかという方策に立ちました。

ですから、観光客をターゲットにするのではなく、神山町に制作に訪れる芸術家自身をターゲットにしました。例えば、一つのイメージとして、「日本へ制作に行くのだったら、神山だよね」と言ってもらえるような場所をつくっていこうということです。そのためには、やってきたアーティストの滞在の満足度を上げる必要があります。

「俺はオーストラリアでもヨーロッパでも、カナダでも作品をつくってきたけど、神山ほど気持ちよく満足度が高くできた場所はないよ」と言わせることです。そのためには、自分たちの持っている神山町の持つ場の価値を高め、磨いていく必要があります。

神山町には、四国八十八カ所の一二番の札所である焼山寺《しょうざんじ》があります。一一番から一二番、一二番から一三番の間に遍路道が通っています。昔からお遍路さんはずっと行き交いをしていたわけです。そういう人たちに接待する文化がずっと根強く残っているわけです。そのお接待の文化で、柔らかくアーティストをくるむことにより、満足度を上げようという方向に進んでいきました。

このプログラムを七～八年続けてきた中で、そろそろ愛好会や同好会的なアートからビジネスが生まれないだろうかという方向を模索し始めます。神山町に自費滞在する芸術家、特に外国人のアーティストに対して、宿泊のサービスやアトリエのサービスを有償提供することによって、ビジネスを展開できないだろうかと考えました。ビジネス展開をしようと思えば、当然、情報発信が重要になってきますので、ウェブサイトをつくることになりました。

▼スライド：ウェブサイト『イン神山』

二〇〇七年から二〇〇八年にかけて、総務省の地域ICT利活用モデル構築事業に採択され、「イン神山」というサイトをつくります。つくったときに手伝ってもらったデザイナーが西村佳哲《よしあき》さんです。この人は神山町に移住してきています。そして、イギリスのトム・ヴィンセントさんです。当然、アートでビジネスを起こしていこうというわけですから、一番よく読まれるだろうという想定のもとでアート関連の記事を一生懸命につくりこんでいきます。

ところが、二〇〇八年六月四日にサイトが公開されると、意外なことが起きました。一番よく読まれるのがアートの記事ではなく、「神山で暮らす」でした。「神山で暮らす」は、神山町の古民家情報です。「この家は二万円で借りられますよ」「この家は、傷みが激し

いから薪ストーブを入れても大家さんは許してくれますよ」という情報が、他のコンテンツの五倍から一〇倍も読まれているのがわかりました。

これまで神山町では、ほとんどIターン者はいませんでした。ところが、このインターネットに「神山で暮らす」という物件情報の小窓が開いたことによって、ここから神山町に対する移住需要の顕在化が起きてきます。

では、神山町における移住の歩みを振り返ってみます。一九九九年、アートのプログラムをやり始める前の神山町には、ほとんどIターン者がいませんでした。私はずっと神山町に住んでいますが、Iターン者は、一九九〇年代初頭に陶芸家一家と画家の二人の二組だけです。ほとんどいませんでした。

ところが、このアートのプログラムを実施したことによって、その二〜三年後から、毎年、ぽつりぽつりと滞在したアーティストが神山町に住み始めました。この人たちに対する空き家探しや大家さんとの交渉、さらには引っ越しのお手伝いなどをやっているうちに、グリーンバレーに、少しずつ移住支援のノウハウが蓄積をされていきます。

二〇〇五年一二月には、神山町全域に光ファイバー網が完備します。高速インターネット回線が使えるようになりましたので、これを活用して情報発信をしようということでウェブサイトの構築に進んでいくわけです。ちょうどその間、二〇〇七年一〇月に、神山町に「移住交流支援センター」が置かれることになります。

当時、日本の国には「二〇〇七年問題」があったと思います。二〇〇七年になると、団塊の世代といわれる人たちが、大挙して退職を迎えることになります。その人たちを地域、地方に招き入れることによって活性化していこうという動きが、全国の道府県で起こりました。徳島県も同様の動きのなかで、その人たちに対して移住のワンストップサービスを提供する目的で、移住交流支援センターを県内の各市町村に置いていこうという県の方針が示されました。

結果、八つの市町村にセンターが置かれることになります。ところが、神山町以外は、全て市役所・町役場・村役場の中にセンターを置きました。神山町だけが、「グリーンバレーさん、今までアーティストの移住のお世話をやっていて、役場が運営するよりもうまくいくはずだから、これを委託するから運営してください」ということになりました。

そのとき、グリーンバレーが得たものは移住希望者の個人情報です。グリーンバレーのような団体にとって、移住者の情報は喉から手が出るほどほしいものです。なぜでしょうか。入ってきた人たちが戦力になっていく可能性が大きいからです。

仮に役場が運営している場合、「どんな人たちが入って来ようとしていますか」と尋ねても「個人情報だから教えられません」という返事が返って来るだけです。

ところが、自分たちで運営するということは、どのような人たちが町に入って来たいと思っているのかということを、常に把握できるということです。ここで情報が得られることによって、さらに、いろいろなことが展開していきます。

▼スライド：ワークインレジデンス

「神山で暮らす」の中には、「ワークインレジデンス」という仕組みを入れました。これは冒頭でもお話ししたように、地域に雇用がない、仕事がないのであれば、仕事を持った人に移住してもらおうという考え方です。これは神山町のアイデアではなく、「イン神山」のデザインをしてくれた西村佳哲さんのアイデアです。

しかし、仕事を持っている人なら誰でもということでは、町は躍動しないかもしれないということで、もう少し絞り込みをしました。町の将来にとって必要と考えられるような働き手や起業家を、空き家を一つの武器にして、ピンポイントで逆指名しようとしました。

神山町には、石窯で焼くパン屋さんがありません。そういうパン屋さんができれば、神山町内の人たちも、毎朝おいしいパンが食べられます。神山町に来た観光客の人もお土産として買って帰ることができます。そこで、このお家はパン屋さんをオープンする人だけに貸し出しますというように、最初から入り口を絞ります。

同様に、このインターネットの時代に、神山町にはウェブデザイナーがいません。絶対に必要になります。「じゃあ、このお家はウェブデザイナーさんだけに貸し出しますよ」ということに、最初から入り口を絞ってしまうということです。

普通、移住は結果です。移り住んできた人が、結果的に「パン屋さんをオープンするらしい。デザイナーさんだって」と移住後にその職種を知るのが、ほとん

ワークインレジデンス

町の将来にとって、必要と思われる

「働き手」「起業家」を逆指名

パン屋さん
開業しませんか？

デザイナーさん
いらっしゃい！

どです。ところが、事前に職種を特定・限定できることによって、町をデザインできることにつながっていきます。

▼スライド：ワークインレジデンスで商店街をデザイン

そこで、この神山町の上角商店街の昔の商店街図を取り出してきています。これは一九五五年の商店街です。当時は三八軒のお店、石屋さん、傘屋さん、桶屋さんなどがありました。ところが、神山町への道路のアクセスがよくなり、徳島市内周辺に量販店やスーパーが増えると、買い物客が流出をしていきます。それとともに町内の人口自体が過疎化で減りますので、買い物客自体も減っていくわけです。当然、この商店街は寂れていきます。

もともと三八店舗あった商店街ですが、このワークインレジデンスを始める前の二〇〇八年六月には、道の駅ができ、神山温泉がリニューアルされたにもかかわらず、わずか六店舗までに減っていました。ここにワークインレジデンスで呼び込んで来た人たちをうず

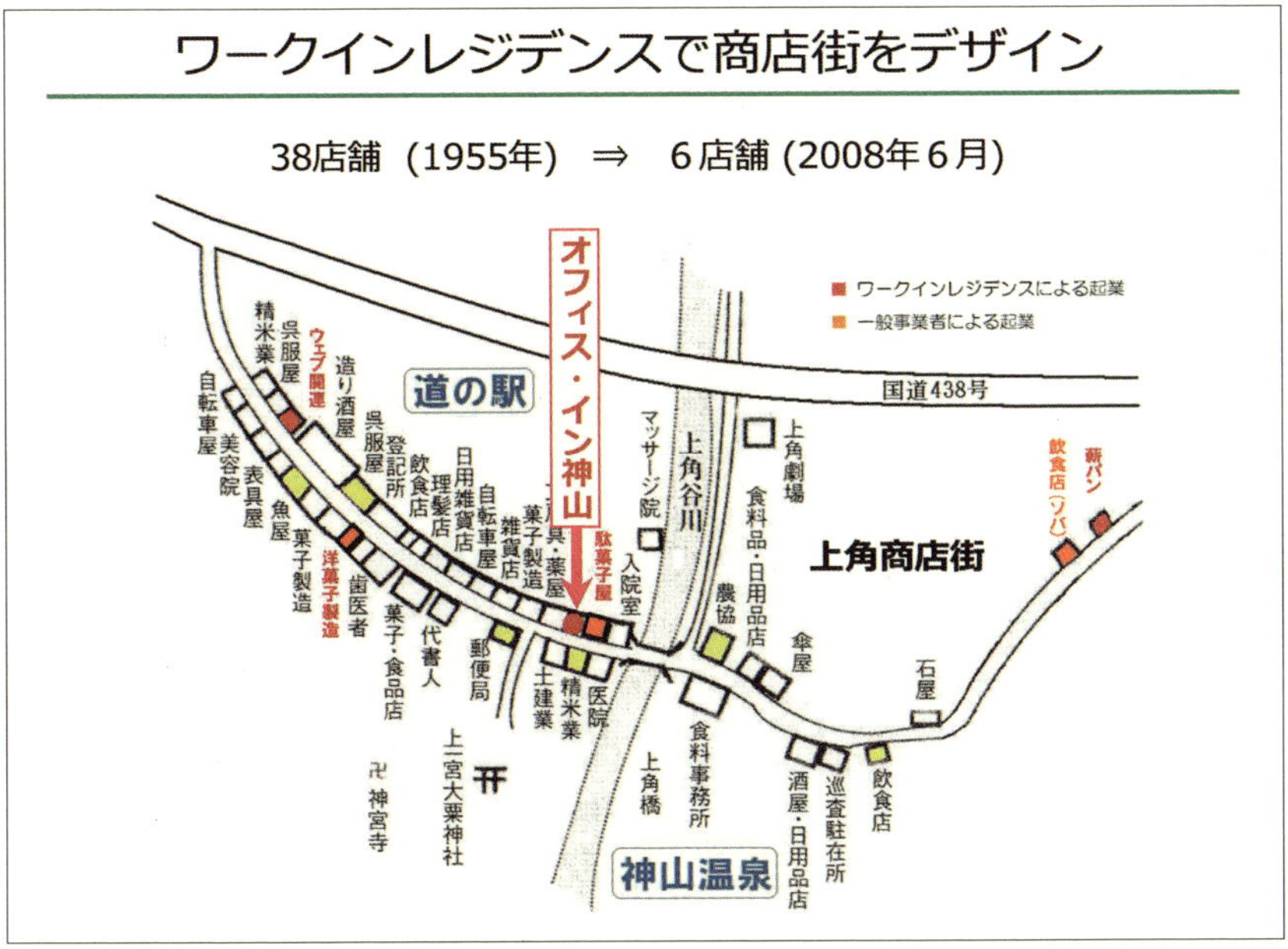

めていく作業を始めます。ワークインレジデンスを、この商店街の空き家・空き店舗に、ずっと連続的に適用していくことによって、入ってくる起業者と空き家・空き店舗のマッチングをするだけで、ほとんどコストも掛けずに住民たちがこういう商店街をつくりたいという理想の商店街が出来上がるのではないかと思い始めました。

▼スライド：オフィスイン神山

そこで、グリーンバレーが足を一歩踏み出しました。「オフィスイン神山」という事業をここで始めます。空き家改修の事業です。二軒つながりの長屋の一角をグリーンバレーが借り受け、地域活性化センターの助成金の二〇〇万円とグリーンバレーの二〇〇万円を合わせて四〇〇万円で内装、外装や水回りを修繕して、クリエイター用のオフィス兼住居を作ろうとします。クリエイターが定常的に循環する町をつくろうとしたわけです。

この改修では、東京藝術大学建築科の学生、院生、

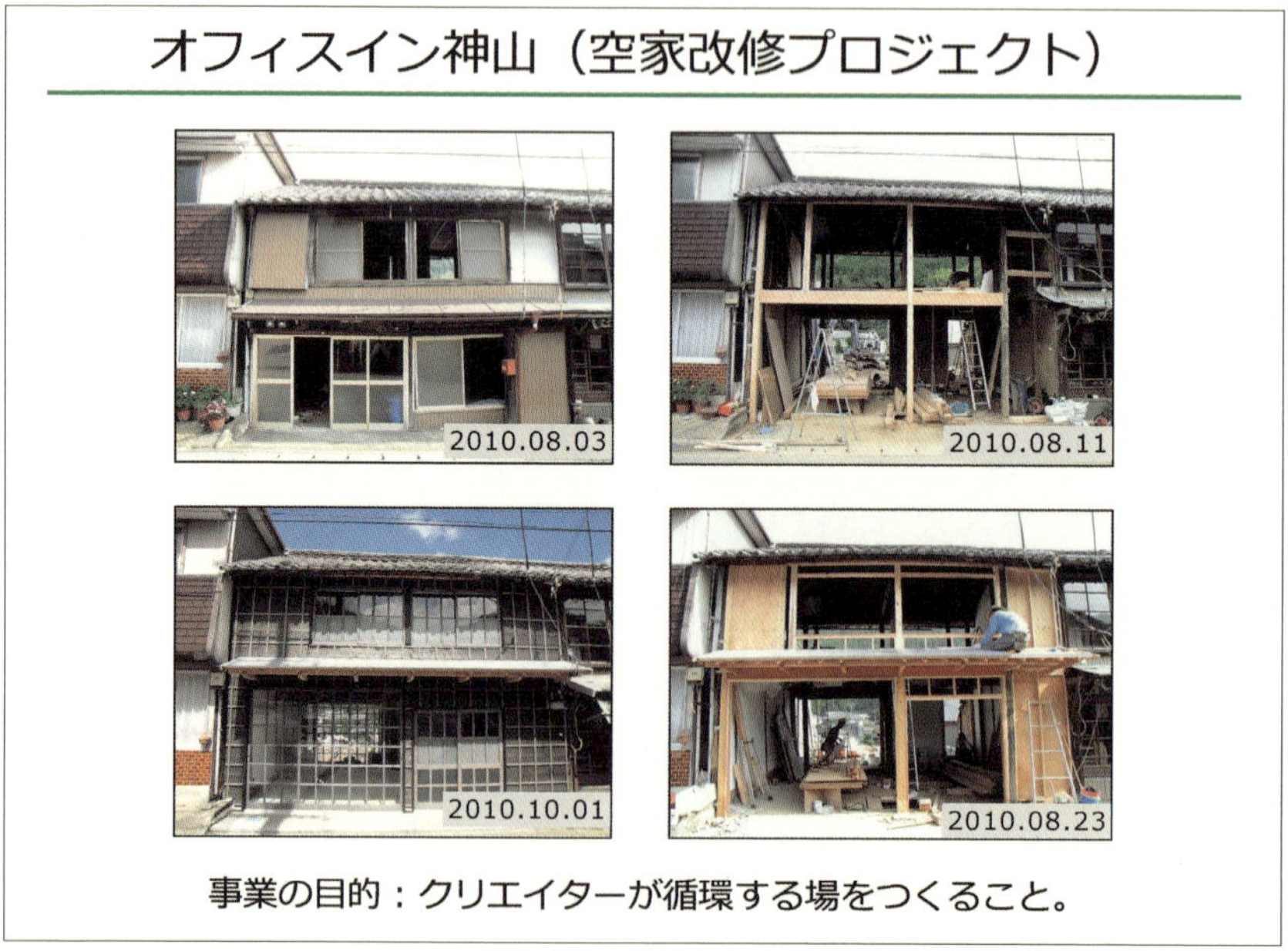
オフィスイン神山（空家改修プロジェクト）
2010.08.03
2010.08.11
2010.10.01
2010.08.23
事業の目的：クリエイターが循環する場をつくること。

助手、さらに、首都圏の建築系の学生たち延べ二五〇人くらいが、手弁当で、ボランティアで手伝ってくれました。大工さんと一緒に建物の改修を進めていきました。

これが完成した家です。借りてくれたのは、「イン神山」のサイトを一緒につくってくれたトム・ヴィンセントさんです。「ブルーベアオフィス神山」という名前が付けられました。

▼スライド：サテライトオフィスはヒトノミクスから生まれた！

実は、今、神山町で起きているサテライトオフィスという動きは、この空き家改修のプロセスのなかで生まれています。神山町には、毎日、毎週、たくさんの方が視察に来られていますが、事前に調査されていない人は、神山町はシリコンバレーかどこかで、サテライトオフィスというアイデアを見つけてきて、神山町にサテライトオフィスをつくってやろうと始めたのでしょうと考えられている方が多いです。

サテライトオフィスはヒトノミクスから生まれた！
建築家
デザイナー（クリエイター）
神山に集まる人の思いやアイデアを一緒に紡いでいく中で誕生！
ＩＴベンチャー起業家
Ｓａｎｓａｎ神山ラボ

いえ、違います。「サテライトオフィス」という言葉も知りませんでした。では、何が起こったのでしょうか。アベノミクスならぬヒトノミクスです。二〇一〇年三月と六月に、当時、ニューヨークに在住をしていた二人の建築家が帰国することになりました。

一人は坂東幸輔さんです。徳島市内出身で、東京藝術大学建築科を卒業後、ハーバード大学を出て、ニューヨークで建築家の仕事をしていました。もう一人は須磨一清さんです。須磨さんは、慶應ＳＦＣを卒業後、コロンビア大学を出て、ロックウエルという設計事務所で五年間ぐらい働いていました。ところが、坂東さんは、二〇一〇年四月から東京藝術大学の助手のポストに就くために、須磨さんは、子どもが生まれるということで、帰国することになったわけです。

一方で、グリーンバレーは、今まで空き家改修の事業を手掛けたことはありませんでしたから、建築家とのつながりがありませんでした。ちょうど、オフィスイン神山のプロジェクトが生まれたので、「じゃあ、君ら、ニューヨークから帰ってくるんだったら、一緒にやろうよ」「坂東さんも藝大に行くんだったら、学生たちがたくさんいるはずだから、夏休みに空き家を改修しに来いよ」という話をしたら、「ぜひやらせてください」ということになりました。

設計が進み模型が出来上がりました。そこにトム・ヴィンセントさんから一通のメールが届きました。それは、神山町にオフィスを置きたいというものでした。では、改修が終わったら、トムさんのオフィスにということで、このオフィスが「ブルーベアオフィス神山」になりました。

改修がほぼ完成に近づいた二〇一〇年九月下旬、須磨さんの慶應時代の同期で、神山町に初めてサテライトオフィスを置いた名刺管理サービス会社のＳａｎｓａｎの寺田親弘社長が、須磨さんから神山町の話を聞きます。寺田さんは、慶應大学を卒業したあと、三井物産に就職をしました。二〇〇〇年から二〇〇一年にかけて、シリコンバレーでの滞在を経験します。現地でシリコンバレーのテレワークの実態をつぶさに見てくるわけです。寺田さんは、三井物産にずっと勤める気がなくて、いつかは起業しようと考えていたそうです。起業した暁には、社員を、シリコンバレーのような自由な雰囲気のなかで働かせたいという思いがあったそうです。そして、予定どおり二〇〇七年五月末で三井物産を退職して、六月にSansanという名刺管理の会社を設立しました。会社のミッションは「働き方を革新する」でした。

そのとき、須磨さんから神山町の話を聞くことになります。神山町は、四国の山の中にあるので自然が豊かで非常にオープンな住民が住んでいて、光ファイバー網が全戸に配備されていて、ネットの速度がとても速いという情報が入るわけです。そして、二〇一〇年九月二六、二七日の一泊二日で神山町にやってきました。即断即決でした。それから二〇日も経たない一〇月一四日には、既にSansanの社員三名が、ここで働き始めていました。これが神山町におけるサテライトオフィスのスタートです。

サテライトオフィスというアイデアを実現したのではなく、神山町に入ってくる建築家、クリエイター、デザイナー、あるいはITベンチャー企業の起業家などの思いやアイデアを、グリーンバレーが一緒になって実現しようとしたら、ヒトノミクスでサテライトオフィスが自生してきたということです。ですから、非常に据わりのいいものが出来上がっています。

このような動きが一枚の画像として、NHKの「ニュースウオッチ9」や「クローズアップ現代」で流れるわけです。一枚の画像だけで、町の運命を変えてしまったと言っても過言ではありません（最初のスライド「神山プロジェクト」）。

これは神山温泉の横の小川のせせらぎに足をつけながら、ＩＴサービス会社ダンクソフトの社員がＭａｃＢｏｏｋを操作しながら本社との間でテレビ会議をしているところです。この付近は、神山町役場の若手職員とグリーンバレーの間で、二〇〇七年頃からＷｉ‐Ｆｉの電波を飛ばしています。フリースポット化をしたところ、やらせではなくて現実の姿として、これが流れていきました。六本木ヒルズとミッドタウンで働くようなＩＴベンチャーの人たちに衝撃を与えました。「日本の国にも、こういう場所があったのだ」というところで、それ以来、神山町へのＩＴベンチャーの流れは、いまだ途絶えることなしに続いています。

▼スライド：Ｓａｎｓａｎ（東京都渋谷区）

では、どのようなところで仕事をしているのかを見ていきましょう。これはＳａｎｓａｎのオフィスです。このような場所は、皆さんの町でも山あいに行けば、いくらでもあると思います。今、このような古民家や空き家がオフィスになる可能性が出てきているということです。

内部を見てみます（スライドなし）。向こうに見えるのが、東京本社のモニターです。一九九〇年代にも、このようなサテライトオフィスの動き、テレワークが起きたことがあるそうです。しかし、そのときは定着しなかったそうです。その理由の一つに、ネット回線が非常に遅かったことがあります。そして、もう一つは、このようなテレビ会議のインフラが当時は数千万円の機材を必要としたからです。

ところが今は、Ｓｋｙｐｅを利用すれば、ほぼ無料ですし、マイクロソフトのＬｙｎｃを使っても、一人四五〇円ぐらいで二五〇人がつながることができる時代になってきました。このようなインフラの整備によって、このような働き方が、日本の地方では一般的になるかもしれないと言われていると思います。屋内の仕事で疲れたら外に出ます。これは音楽を聴いているわけではなくて仕事をしている様子です。この納屋の戸を開けると、先ほどのオフィスが広がっています。この会社は、「働き方を革新する」というミッションを持つだけあって、いろいろことに挑戦しています。単身者だけではなく、子どもさんや奥さんを連れたような社員の滞在も実現をしています。あるいは新入社員の研修も神山町でおこなっています。

本社は、表参道の青山学院大学の真ん前にあります。四月一日午前一〇時から、本社で入社式を終えた新入社員たちは、スーツ姿のまま羽田空港に向かいます。そこから、徳島空港へ飛び、車で一時間かけて神山町に来ます。そして、二週間の新入社員の研修を受けるのです。

最初に、サテライトオフィスを展開させたとき、利用者のほとんどがエンジニアやプログラマーという職種の人たちだけではないかという見方でした。当然です。そういう人たちは、四六時中パソコンに向かいきりですから、心を病んだりする人も多いわけです。そのような人たちを自然のなかで働かせようということ

Sansan（東京都渋谷区）
プログラマー、エンジニアだけでなく、オンライン営業も！
本社の循環滞在者 ⇒ 常駐者(移住者) ⇒ 開発拠点化(雇用)

のようです。しかし、写真の男性の職種はプログラマーやエンジニアではありません。営業担当です。営業の社員も、ときどき神山町に来て仕事をしています。神山町のような山の中で、営業の仕事ができることになれば、これは日本の地方の働き方をガラリと変えてしまう可能性があるのではないかと思いました。

当初、サテライトオフィスというのは、本社の人間が二週間とか一カ月くらい滞在するだけで、移住者も生まないし雇用も生まないという認識でした。ところが、やり始めると、いろいろなことが起こってきました。既に、本社の人間が神山町に移住してきて常駐者として働いたり、あるいは、開発拠点化を目指しているので、新たな雇用が生まれようとしています。

このような会社が増え始めると、どんどんと新しい人が入ってきます。これは大阪出身のキネトスコープの廣瀬圭治さんです（写真なし）。デザイナーです。彼が神山町で見たのは、間伐材が倒されて放置されている光景でした。その問題を解決しようと「神山しずくプロジェクト」を始めました。杉の木は、材質が非常に柔らかいので、すぐに割れてしまい、器にはならないと考えられていました。すぐに割れてしまいます。ところが、特殊なウレタン加工をすることによって、非常に強固な器を作ることに成功しました。二〇一四年九月、小泉進次郎氏が視察で事務所を訪れ、「こういうこと自体が地方創生の進むべき方向だ」というところで、結構、高い値段がするのですが、一〇個も買ってくれたそうです。

他にもあります。この寺田天志さんは（写真なし）、３Ｄのカーモデラー自動車の３Ｄモデリングをする仕事です。寺田さんは今、神山町で空き家改修をしています。自分で制作した３ＤＣＧを大工さんに見せながら、一緒に改修を進めています。また３Ｄカーモデラーは、日本では数少ないですから、これから神山町でカーモデラーを養成していく夢を持っています。

これは真鍋太一さんです（写真なし）。食のプロデューサーです。グーグルのイノベーション東北のメンバーでもあります。この人は、食のイベントなどをつくりあげることが非常に得意です。今、神山町ではオーガニック野菜の動きも出てきています。彼が中心になって動いていくのではないかと思います。

ドローイングアンドマニュアルという会社の菱川勢一社長です（写真なし）。NTTドコモの「森の木琴」のコマーシャル、JR東日本の東京駅復元のコマーシャルなどが、菱川さんの作品です。それから、今から三年前に、東京駅をバックにしてプロジェクションマッピングをやったと思います。これも菱川さん作です。また二年前の大河ドラマ「八重の桜」のオープニングのタイトルバック。これも菱川さんの作品です。菱川さんが社長を務めるドローイングアンドマニュアルも神山町にサテライトオフィスを置いています。これがそのオフィスです（写真なし）。自分で見つけてきました。「これがいいです」と言われたときに、「菱川さん、これでええの？」と何度も聞きました。「こんなボロっちいのでええんですか」と。家賃が二万円です。結局こういうことなんですよね。地域にあるモノの価値の判断を、住んでいる人間が判断してはいけないと思いました。この判断は、相手に任せるべきだと思います。まったく価値がないと思っているようなものでも、非常に価値があると感じる人たちがいます。見る目線がまったく違うということです。このあたりを勘違いしておりました。

二〇一四年一月から八月にかけて、ドローイングアンドマニュアルと徳島県庁の若手職員が一緒になって徳島県のプロモーションビデオをつくりました。八月一二日から一五日まで、夜は徳島市内で阿波おどりの撮影をして、昼はこのように一生懸命にペンキを塗っているわけです。このようなモノづくりの人たちは、自分たちで直したいということです。ですから、自由にできるような物件のほうがいいということです。その結果、「VS東京」という徳島県のプロモーションビデオが出来上がりました。ちょっとご覧いただきたいと思います。三分ぐらいです。

（プロモーションビデオ視聴）

このように、一風変わったプロモーションビデオです。去年（二〇一四年）の九月に、これをご覧になった東京都の舛添（要一）知事から「まあ、精出して頑張ってくださいね」と、冷たいエールを送られていたようです（笑）。「ＶＳ東京」と、東京にケンカを売っているようなタイトルになっていますが、おそらく今までは日本の地方は、「東京」になろうと頑張ってきたのだと思います。地方都市の全てが小さな東京になりたいと。

しかし、結局、「ミニ」である限り、大きいところには絶対に勝てないということです。ですから、ガラリと発想を変えて暮らし方や生き方自体に対して疑問符を付けて、「ミニ東京」を目指さないという方向が、これからの日本の地方の在り方ではないかと思います。そういう意味のメッセージが、このプロモーションビデオに込められていると思います。結局、東京にケンカを売ったところで、全国一の弱小県の徳島県が勝てるはずはありません。しかし、最後のほうのメッセージにあったように、「徳島県民、立ち上がらんで」というのが真のメッセージではないかと思います。

▼スライド：プラットイーズ（東京都渋谷区）

プラットイーズという会社は面白い動きをしています。二〇一二年一一月に、この古民家物件を手に入れました。十数年間、空き家になっていた場所です。ここを二〇一三年一月から六月末ぐらいまでに改修をしていくわけです。

今は「えんがわオフィス」が出来上がっています。違う角度から見ると、このような感じです。非常におしゃれです。向こうが蔵です。蔵もオフィスになっています。夜になると、このような光景になります。外観は古民家ですが、内側は最先端です。

特に、テレビの番組情報の会社ですから、テレビのモニターが二〇台くらい並んでいます。ここで二〇名ぐらいの新規雇用が生まれました。一番大きいのは、若者にとって魅力的な職場が誕生したことだと思います。神山町にまったく職場がなかったわけではありません。神山温泉で働くとか、シイタケ組合で働くなど、いろいろとありますが、若い人たちにとって魅力的な職場が、日本の過疎地地方には少ないわけです。ですから、そういうものができたのは、非常に大きいと思います。

さらに、この会社はスーパーハイビジョンの映像事業にも進出しています。「4K」「8K」(超高精細映像)という話をよく聞くと思います。東京オリンピックも「8K」で放送されることが決まっています。8Kぐらいまでになると、一つの番組のデータ量が二テラくらいになるそうです。そうなりますと、ハードディスクで情報を持ち運ぶことができないそうです。必ずサ

プラットイーズ（東京都渋谷区）

テレビの番組情報(メタデータ)などを放送局に配信する事業

外観は古民家、内部は最先端！

若者が魅力を感じる職場の誕生

ーバーを備えた保存する場所が必要になるそうです。この保存の場所は、日本では東京だけにしかありません。その二カ所目が神山町にできたということです。神山町は、これから4K・8Kの場ということで、マスコミなどにも流れていくのではないかと思います。

これに対して、神山町役場が誘致のための予算をいくら使ったかという話です。ゼロです。誘致の予算をまったく使わずに、このような企業が来てくれるような時代になっているということです。先ほどのSansanの寺田さんやプラットイーズの隅田会長が目指すものはイノベーションを起こしたいのだと思います。彼らはイノベーションはお金で起こせないことを知っているのです。ですから、支援金をいくら積んだところで、こういう人たちは来てくれないということです。

では、イノベーションを起こすには何が必要なのでしょうか。場が必要なのです。その場として、今、神山町が注目されているから優遇策を出さずとも、そういう人たちが来てくれるのです。

このオフィスの斜め前に、二年前の一二月にビストロがオープンしました（写真なし）。非常におしゃれな建物です。もとは酒屋さんの建物でした。これはワークインレジデンスで、飲食店を誘致しました。もともとは神山町で一番にぎやかな商店街です。ところが、町内の人ばかり相手にしていたので、過疎化の影響を受けたわけです。飲食店もコーヒーを飲む場所もゼロになっています。

地域の人たちから、「グリーンバレーさん、お客さんが来ても、食事をする場所も、コーヒーを飲む場所もないから、何かそういうところを誘致してよ」という話も届いています。元酒屋さんの建物は、二年間かけて最適者が現れるのを待っていました。そして、来たのはアップルコンピュータに勤めていた女性です。この子が、この建物を買いました。自分で〇千万円を投資しています。町からのお金はまったく入っていません。県からも入っていません。自分でお金をかけて、先ほどのビストロに改修しました。

地域の人たちは、飲食店を誘致してほしいという話でしたから、このあたりにセルフうどん屋さんができたらいいなと思っていたと思います。しかし、いきなりビストロができてしまったというところです。テレビ番組の「大改造!!劇的ビフォーアフター」の匠が設計したので、結構、おしゃれな作りです。料理もおいしいです。ときどきイベントもあります。これは、「みんなでごはん」と言いまして、これが非常に面白いです。毎月最終火曜日におこなわれます。常連さんも一見さんも、地元の人も、遠くから来た人も、シェフもスタッフも、その日にたまたまお客さんだった人が、同じテーブルを囲むという食のイベントです。

このときは、兵庫県篠山市から六名、東京から八名、Ｓａｎｓａｎの本社からも三名、地域で働いている人たちも一緒に、このようにして食事をします。この女性の方がシェフです（写真なし）。座る席もくじ引きで決めます。だから、まったく知らない人の隣になるということです。この場は異業種交流の場になっているということです。道の駅では地図情報が得られます。道の駅で得られないのは、人の情報です。人の情報は、このようにコーヒーを飲んだり、お酒を飲むような場所で交換されるわけです。ですから、町には、そこへ行けば人の情報が掴めるような場所が必要です。

▼スライド：ワークインレジデンスによる、ここにしかない商店街

写真は寄井商店街です(スライド参照)。四年前までは、灰色で塗りつぶしてあるところは全て空き店舗でした。ここにワークインレジデンスを利用して、オフィスやクリエイター、アルチザン（職人）を集積していきました。

四年前から映像作家が入ってきました。鎌倉市からやってきたサテライトオフィス、映画の予告屋さんが、ここにログハウスを建てました。そして、プラットイーズがここにオフィスを建てました。ビストロがオープ

ンしました。

それから、先ほどのグーグルで働いている真鍋さんが、ここに四人家族で引っ越してきました。この映像作家は、もともとお茶工場だったところを自分のスタジオに変えています。

さらに、今年一月、「神山塾」の卒業生がオーダーメイドの靴屋さんをオープンしました。もともと電気屋さんだった建物です。これを改修してオーダーメイドの靴屋さんにしました。この子は愛知県出身で、ドイツに一年くらい行っていて、それから神山町に来て、今は家族連れで移住してきました。

さらに、ここには演出家の女性が東京からやって来ました。ここには、また別の「神山塾」のＯＢの子がお総菜屋さんを始めるということです。六カ月後にオープンするようなことになっています。

この通りに人の流れが戻ってきます。そして、その周辺に住む人たちにとって、次はどのようなお店があると、もっともっと町が面白くなるのかということで、

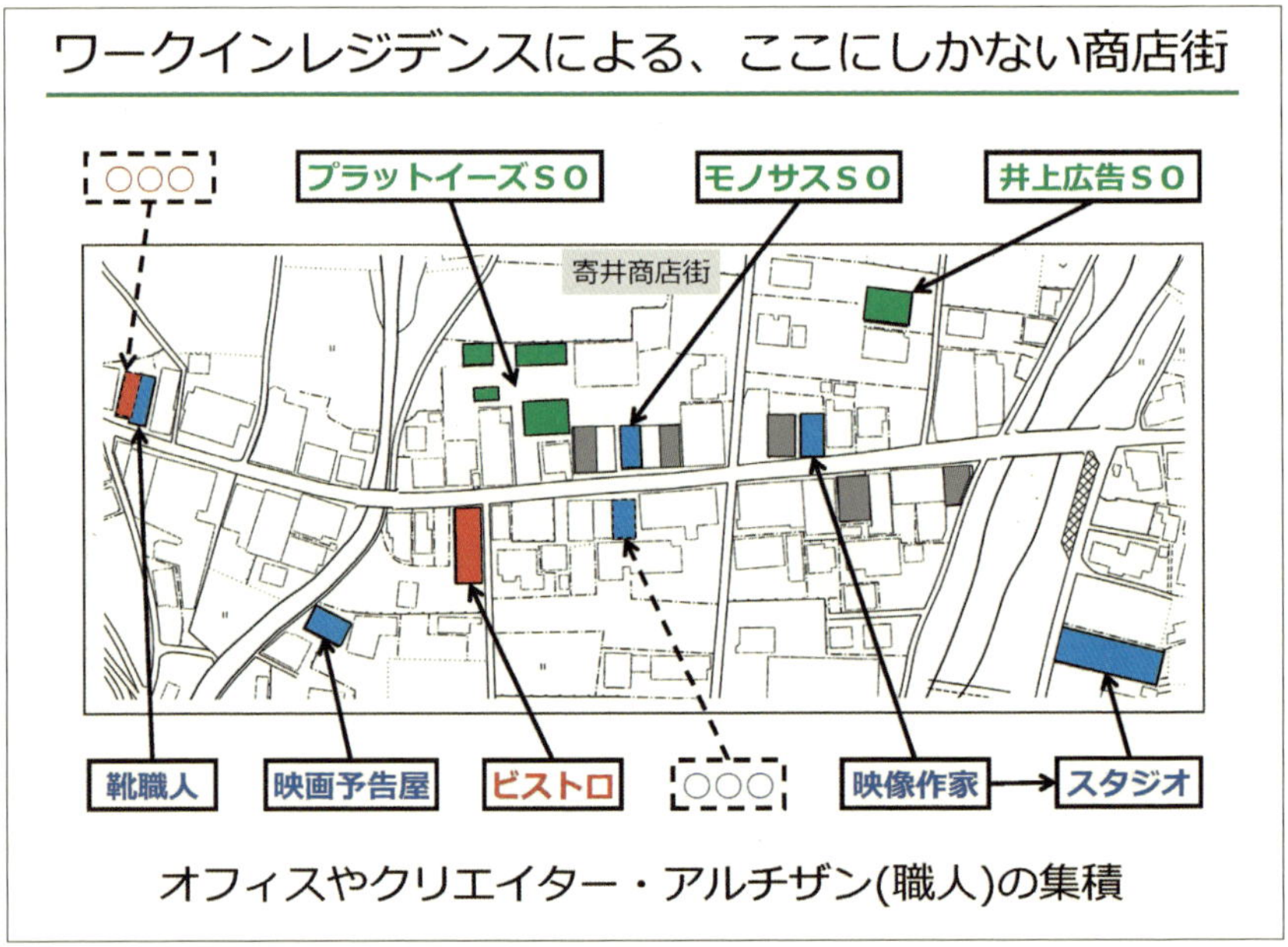

ワークインレジデンスでうずめていけば、ここにしかない商店街が出来上がるはずです。

今の日本の商店街を見て何が一番悲しいかと言いますと、バイパス商店街です。どこの地方都市へ行ってもバイパスへ行くと、必ず同じ店が並んでいます。名前を挙げて悪いですが、「洋服の青山」「はるやま」「マクドナルド」「ケンタッキー」などです。デジタルカメラで写真を撮っても、どこの町か識別のつかないような町を、ここ四〇年ぐらいずっとつくり続けています。

このような流れは、必ず振り子と同じで元に返るときがあります。返ったときに、どのような場所を求めるのかと言えば、このように血の通ったような場所を求めるのだと思います。ところが、そういう流れになったから、慌ててそんな町をつくろうとしても間に合わないということです。今からじっくりつくりあげていけば、二〇年後、三〇年後に脚光を浴びるということです。地域づくりや地方創生の本来の姿は、こういうことではないかと思います。目先の現象ばかりにとらわれていたら、後追いばかりになって、忙しいだけです。あたふたと動くだけになるのではないかと思います。

コワーキング（共用）オフィスもつくっています。もともと縫製工場だった場所です。グリーンバレーと神山町と徳島県が三〇〇万円ずつ出して、内部をコワーキングのオフィスに改修しました。ここでサテライトオフィスに使っているところもあります。さらに、ヤフーなどが来たら、このような場所で合宿をやります。

合宿をした人から、ここはインターネットも一ギガの回線が入っているから、非常に速くて便利だけれども、公共交通機関が発達していないので車を持っていないと宿舎との往復が大変だという話が出てきます。それが、今年解消することになりました。このコンプレックスのすぐ横に築七〇年の古民家があります。ここに総務省のお金も入ってサテライトオフィスの体験宿泊施設ができることになりました。民間会社を一つ立ち上げました。町役場も少しは出資するようなかたちになっています。今、建設中ですが、このような施設が出来上がる予定です。「Ｗｅｅｋ神山」という名前です。ここで出されるのはオーガニック野菜を基調としたメニューが考えられています。

▼スライド：神山塾（人材育成事業）

「神山塾」は人材育成事業です。六カ月間の職業訓練、厚生労働省の所管の事業でグリーンバレーが運営をしています。どのような子たちが来るかといいますと、独身女性や二〇代後半から三〇代前半の人、東京周辺の出身でクリエイター系の子たちが多いです。デザインができたり、編集ができたり、カメラワークが上手だという子たちが六カ月間の研修を受けます。

二〇一〇年一二月にスタートして、六期で七七名が巣立っていきました。そのうちの約五割、四〇名近い子たちが移住者として神山町に残っています。実は神山町で起こっている変化の二〜三割は、この子たちがつくり出していることだと思います。どのようなイメ

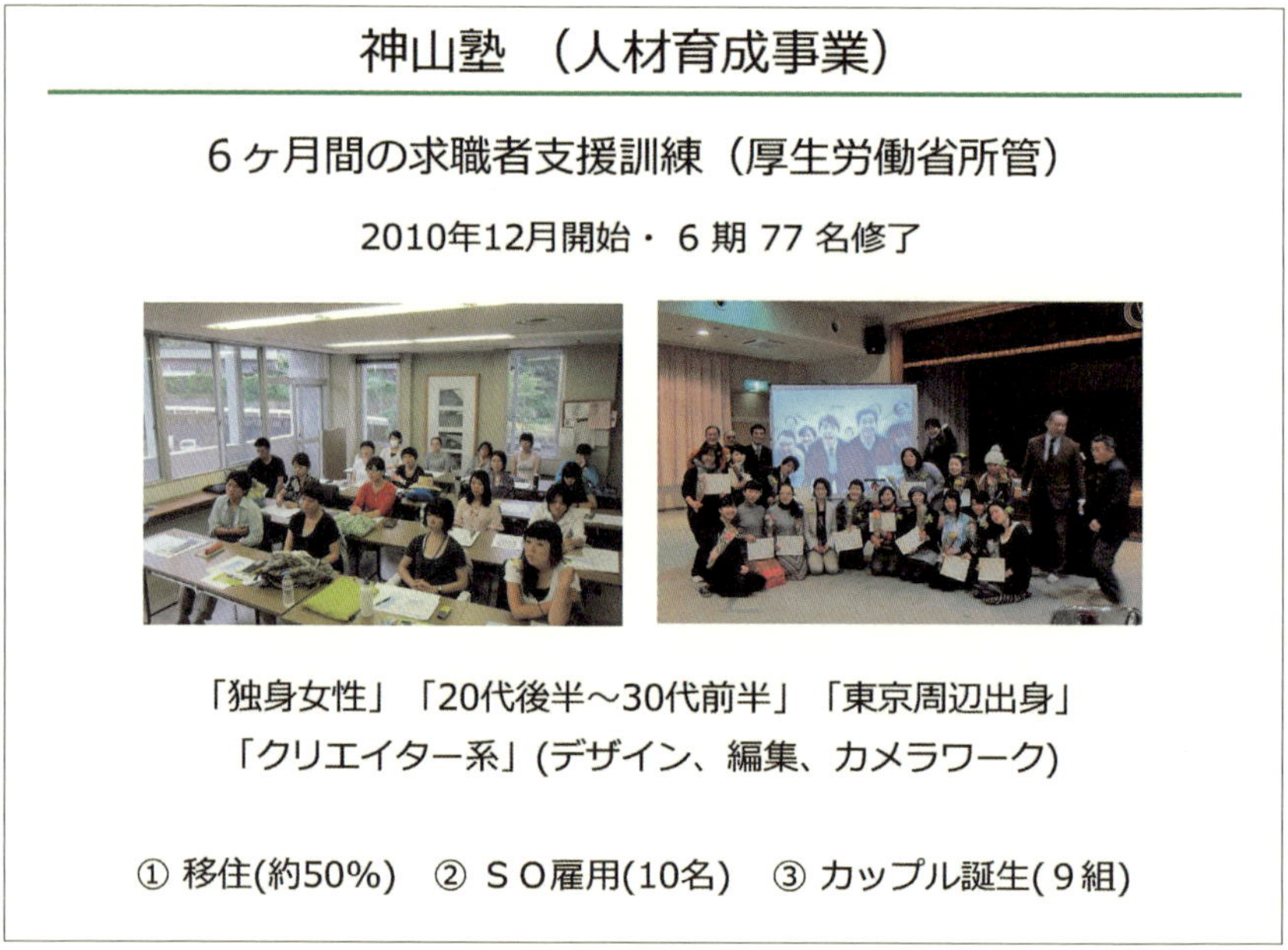
神山塾 （人材育成事業）
6ヶ月間の求職者支援訓練（厚生労働省所管）
2010年12月開始・ 6 期 77 名修了
「独身女性」「20代後半～30代前半」「東京周辺出身」
「クリエイター系」(デザイン、編集、カメラワーク)
① 移住(約50%) ② ＳＯ雇用(10名) ③ カップル誕生(９組)

ージかといいますと、神山町には、地域おこし協力隊が五名います。結構、力のある子たちです。それとは別に、民間版の地域おこし協力隊が三五名くらいいるというイメージです。

神山町の人口は六〇〇〇人です。六〇〇〇人の町で、何かを成し遂げたいという四〇名の子たちが活動すれば、町が躍動しないわけがないです。移住した子たちのうち一〇名ぐらいは、サテライトオフィスか、その関連企業で雇用されています。出口を持った職業訓練はオールマイティーです。それとともに、職業訓練を一生懸命にやるのにカップルが一〇組が誕生しています。赤ちゃんも三人ぐらい生まれています。厚生労働省注目の事業になってきています。

▼スライド：芸術・文化による地域再生

芸術・文化による地域再生です。今までグリーンバレーが何をやってきたのかということをまとめてみます。

一九九九年に、アートのプログラムを始めました。

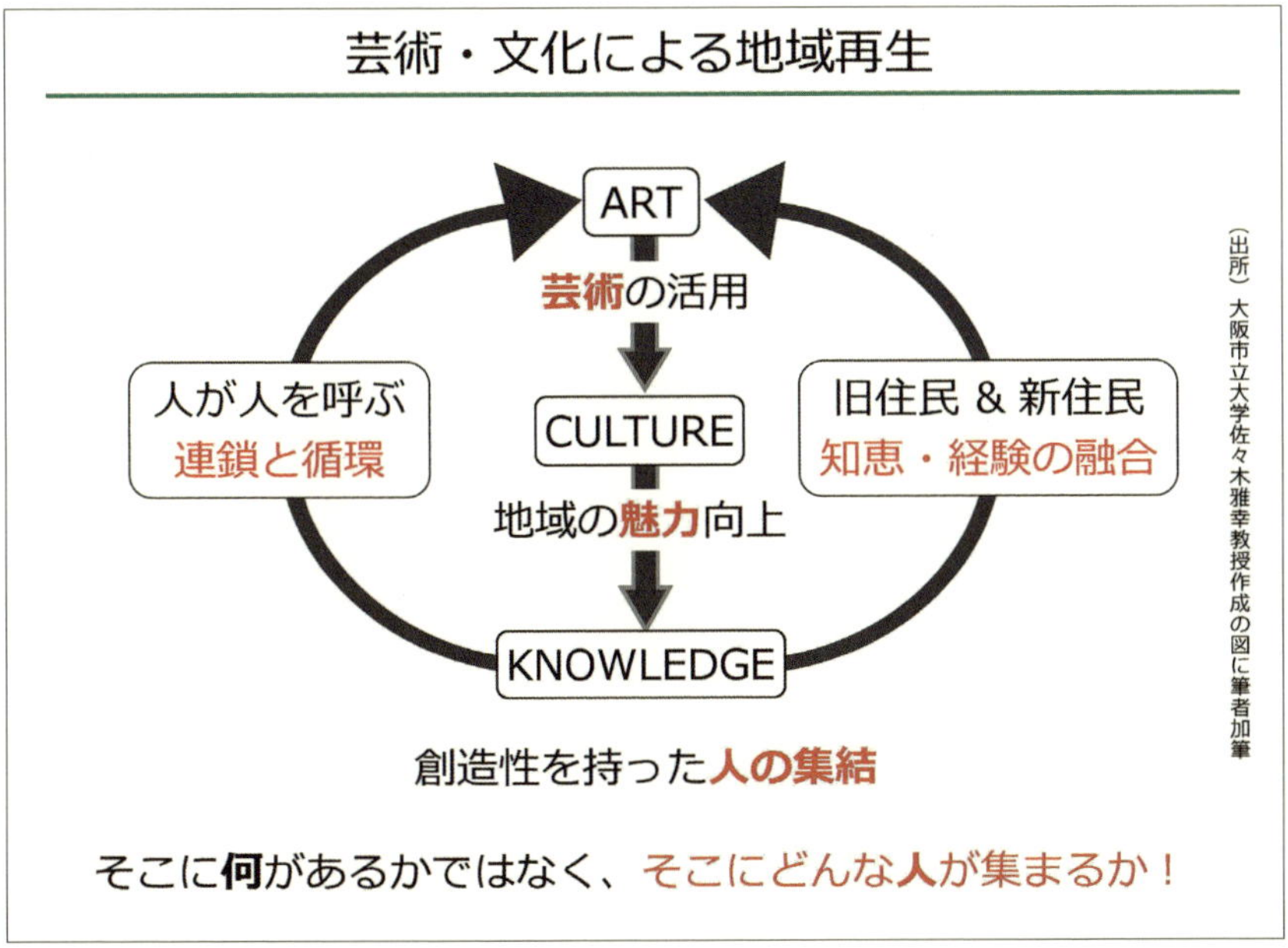

（出所）大阪市立大学佐々木雅幸教授作成の図に筆者加筆

現代アートです。わけが分からないものです。地域の人たちは、「何か訳のわからんことやって、何にもならんのにな、つまらんことするな」と、冷めた目で見ます。ところが、つまらないと思われるようなことでも、五年、一〇年、一五年と続けていくと、一つの価値を生み出します。すると、地域の魅力になっていきます。地域の魅力が生まれたら必ず起こることがあります。それは人の集結が始まるということです。

ですから、今、神山町で起きているのは、人が人を呼ぶという連鎖と循環です。菱川勢一さんが入ってくることによって、さらに力のあるクリエイターを呼び込むという構図です。それとともに、今まで神山町に住んでいた住民と、新しく入ってきた住民の間で知恵と経験の融合が起ります。ここから新しい農産品などが生まれ始めているということです。

これまでの地域づくりは、そこに何があるのか、地域資源も大事に考えていました。しかし、これからの地域づくりでもっと大切なことは、そこに「何」があるのかということではなく、そこにどのような人が集まるかということです。これで地方創生の命運は分かれると思います。集まった人によってこの「何」が生まれると考えたほうが、神山で起きている現象は説明しやすいです。

▼スライド：地方創生『神山モデル』

一つ例を挙げます。サテライトオフィス・ビストロ効果とは、今、神山町に起きているようなことです。一昨年の一二月にフレンチビストロの移住者がオープンしました。ここで出されるパンは、建築家が焼いた有機小麦のパンです。ここで出されるコーヒーはデザイナーさんの奥さんがフェアトレード、有機栽培のコーヒー豆をハンドピックしたものを出しています。

さらに、移住者が動き始めると、もともとの住民も影響を受けます。四〇代半ばの男性です。有機栽培でイチゴやスモモなどをつくっており、それをジェラートにして納めています。さらに、元ヒューレット・パッカードで働いていて脱サラした人は、有機栽培の農家さんになりました。その農作物を、このフレンチビストロに納めたり、去年の七月にオープンした有機小麦のピザ屋さんにも納めています。

今、どのようなことが起きているのでしょうか。起こっている循環キーワードは「有機農産物」です。ITベンチャーの人たちも、有機農産物、オーガニックフードが大好きなわけです。そういう人たちの固まり、循環が既に起きているということです。

では、もう一度、整理し直してみます。もともと、スタートは文化・芸術です。訳のわからないところからスタートしました。そして、何が起きたのでしょうか。まず芸術家が移住し始めました。二〇〇八年から、ワークインレジデンスで力のある起業家をどんどん入れていっていたわけです。そして、移住者だけではなく、ITベンチャー企業や映像会社、デザイン会社も

サテライトオフィスを置くようになりました。この塊は、以前は存在しなかったものです。この塊ができたことによって、今まで神山町で成立し得なかったサービス産業が成立し始めたということです。ビストロがうまくいったり、ゲストハウスができたり、さらにピザ屋さんが回り始めます。そうすると、サービス産業で使われるものは何かと言えば、当然、農産物が使われています。ですから、今は、これが本丸の農業に向かい始めているということだと思います。

普通、農業の問題を考えるときは、本丸から攻め落とそうとします。ところが、攻めあぐねているところが多いのではないでしょうか。私たちグリーンバレーは、農業の知識もテクニックも何もありませんでした。ですから、横目で見ながら、「神山も農業がうまくいったらいいのにな……」と思いながら何も術がないと思っていました。

ところが、芸術文化という違う入り口から入ると、それが人の流れを起こして、サービス産業を興し、農業を育み始めたということだと思います。ですから、地方創生の肝は、まず町にどのように新たな人の流れを起こしていくかということに尽きるのではないでしょうか。そこから、循環を起こしていくことではないでしょうか。

ここまで見えてきたら、もう少し戦略的に進める必要があります。ワークインレジデンスで、有機農業者を意識的に集めていくと、神山町に盤石な有機農業のベースが出来上がるのではないかと思います。

一般的に、地方でつくられたオーガニック野菜は、どのような経路をたどるのでしょうか。農産物として出荷されて、都市圏・東京に送られ、東京のオーガニックフードレストランで使われるわけです。ここで野菜を出荷したときの金額は一〇〇〇円とか二〇〇〇円のものにサービスが加わり、二万円とか三万円に化けるということです。サービスは都市部で起きますから、地方には野菜のお金だけしか落ちてこないのです。いくらブランド化したところで、ごく一部しか地方には落ちてこないという構図ではないでしょうか。常に下請けの状態なのです。例えば、レストラン側が「今度、熊本にいいものができたから、うちはちょっと、そっちにスイッチします」と言われた途端に、出荷先を失うというのが、今の日本の地方の農業の状態ではないかと思います。

これを避けるために、どうしたらいいのでしょうか。それは地域内での循環を起こすことだと思います。このサービス産業も地域内で取り組むべきだと思います。そうすれば、サービスが地方に生まれ、ここに雇用も発生することになります。

「今度は、東京の皆さん、神山のオーガニックを食べたいんだったら、神山に来てくださいよ」というくらいの感じでないと駄目なのではないでしょうか。

このあたりがうまく回っているのは、山形県の鶴岡市などがそうです。奥田政行さんというシェフのいるイタリアンレストラン「アル・ケッチァーノ」へ、東京から新幹線に乗って、三万円ぐらいの料理を食べに行っています。そこまでしないと、いつまでも下請けの状態から抜け出すことができないと思います。

▼スライド：創造的過疎による地域再生

「創造的過疎による地域再生」について少しお話ししたいと思います。現在があります。ところが、未来はぼんやりとしています。当然です、まだ起こっていないことです。皆さん方の未来もぼんやりしているはずです。ところが、この過疎の問題は、より不明瞭なものになりがちです。なぜでしょうか。「過疎」と聞くと、人間は感情で捉えたり、情緒的に捉える傾向があるからです。「過疎ってつらいよね、かわいそうだよね」と言った途端に、より曖昧なものになってしまいます。これを避けるためには、やはり過疎の数値化は必要だと思います。数値化をすることによって、もう少しくっきりとした未来を描き出し、そこから現在に向かって逆算をします。逆算に乗せて、いろいろな政策をしていくと創造的過疎が実現できます。

創造的過疎の一番のポイントは、過疎化を止めるという考え方を捨てることです。もう止めるのは無理だと考えるべきだと思います。そうしたなかで内容的なもの、つまり人口構成の健全化、あるいは働き方や職種の多様化を図ることによって、結果的に循環を生んでいけば、もしかしたら地方は生き残ることができるかもしれません。

▼スライド：創造的過疎による神山町年少人口モデル

将来推計人口のモデルもつくりました。二〇〇八年につくりました。これは神山町に住む、年少人口〇歳児から一四歳児までの将来推計です。二〇〇五年の国勢調査に基づいて、何もしなければ、二〇一〇年、神山町の年少人口は四三三人、二〇三五年には一八七人になりますという推計です。

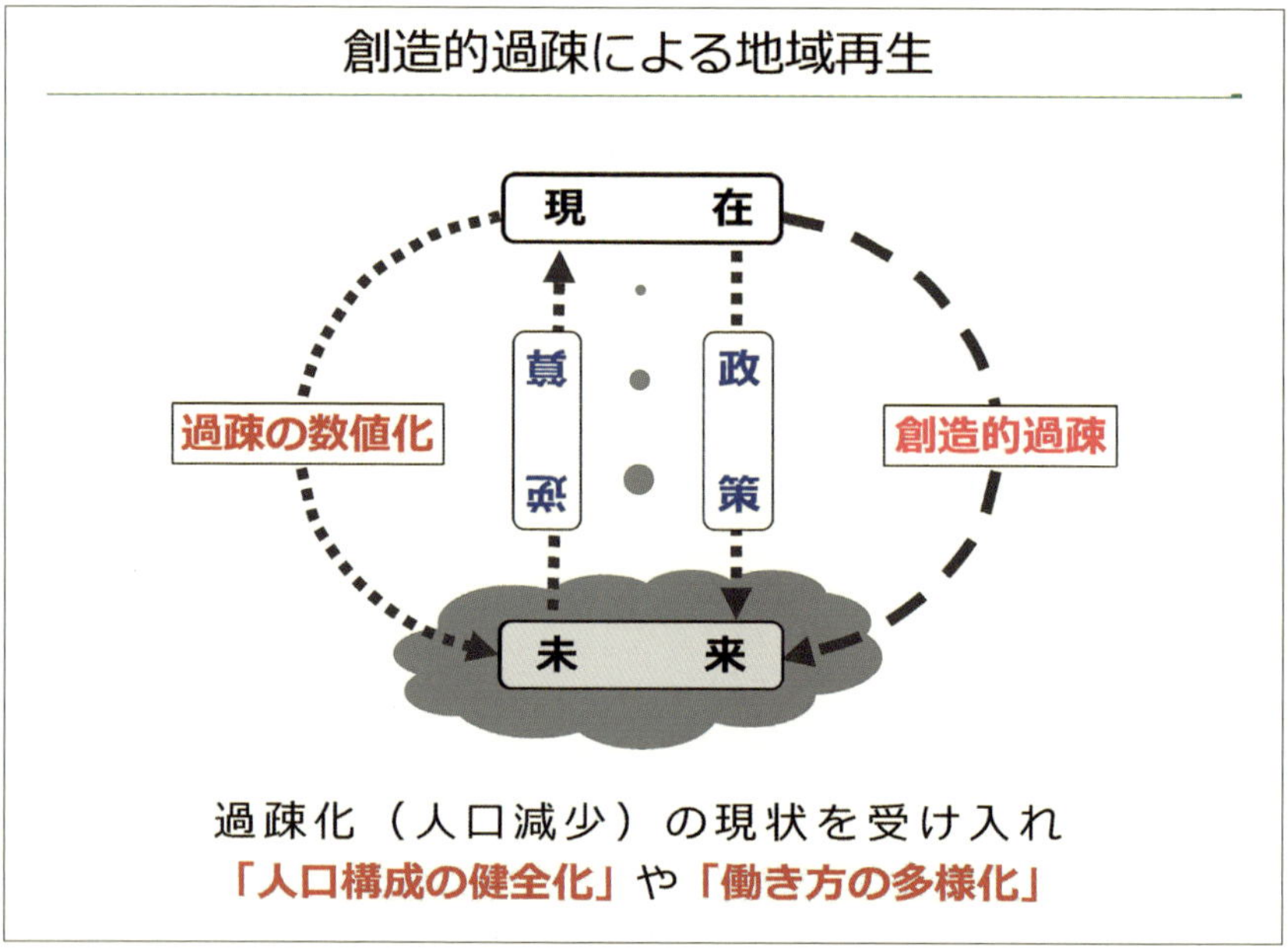

ところが、この年少人口は少しくせ者です。なぜかといいますと、人間は〇歳児から一四歳児を一つの塊としてイメージすることはできません。イメージできないものが半減以下になったら大変だと、いくら市役所や町役場が言ったところで、住民は伝わらないのです。もう少しわかりやすく数字を変える必要があります。

単純に一五で割ります。一五で割れば、一学年当たりの数が出てきます。「神山町民の皆さん、今、神山には一学年二八・九人の子どもたちがいます。みんな、それで何も努力しなかったら、二〇三五年には一二・五人になりますよ」ということです。これで明確に何が起こるのかが、町民の人たちも理解できます。明確にわかることは、物事を考えられる数字が初めて与えられたということです。この年少人口で、いくら広報したところで通じないということです。

では、ここで二〇三五年に一二・五人の神山町ではなく、少し欲張りましょう。減るけれども、一学年

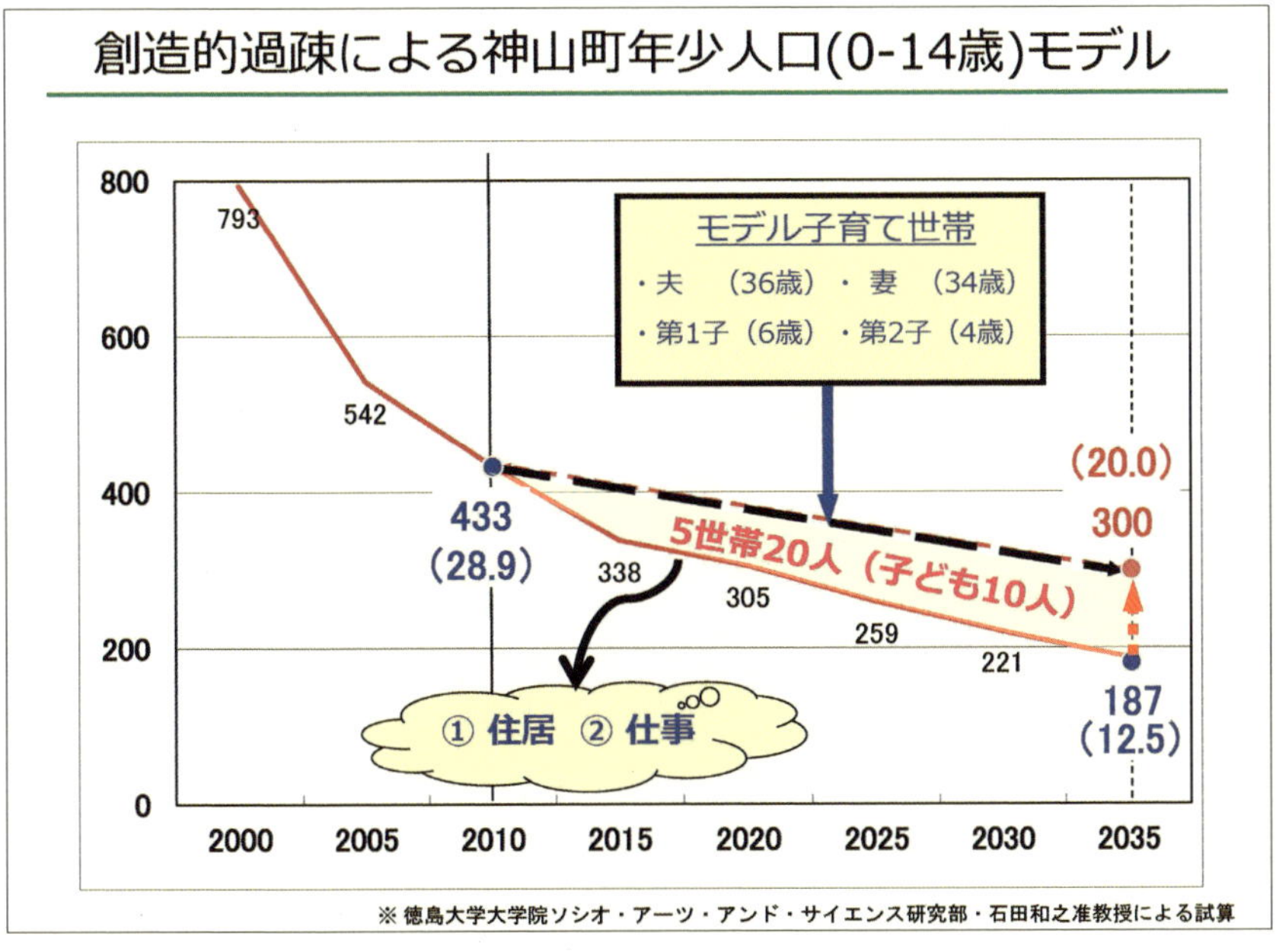

二〇人の神山をつくりませんかということです。一五を掛ければ、年少人口は三〇〇人。ここから現在に向かって逆算します。では、今度は、この新しいラインに乗せて過疎化を進めていこうということです。

そこで、モデルの子育て世帯を考えます。四人家族で、子どもが二人。この上のラインで過疎化を進めるために、毎年何世帯ずつ、このモデル子育て世帯に、神山町へ移住してきてもらえればいいのかということを計算します。このモデルは、徳島大学大学院のソシオ・アーツ・アンド・サイエンス研究部の石田和之先生につくってもらいました。

そうしますと二九五、ほぼ三〇〇です。一学年二〇人を確保するためには、毎年、五世帯二〇人(子ども一〇人)の世帯が入ってきたら、二〇三五年に一学年二〇人の神山町ができるということです。

目標がはっきりしたわけですから、これに対してどのような政策を打っていけばいいのでしょうか。当然、住居が必要です。神山町の場合だと、空き家や古民家を移住者の人たちの住居に改修していますが、いずれにしても住居の問題は、たとえ空き家が枯渇しても、お金で解決がつきます。無くなったとしても、若者定住住宅を新築すればいいわけです。過疎債や市町村債でも、借金してでも建てることができます。ですから、住居の問題は重要視しなくてもいいと思います。

ところが、日本の地方は仕事の問題で全て壁に当たります。移住者を迎え入れたいけれども、うちの町には雇用がない、仕事もない。いまさら工場を誘致して働いてもらうようなモデルもないわけです。ですから、「うちの町は、やっぱり駄目だよね」となってしまいます。

では、この仕事の問題をどのように解決するかと言えば、ワークインレジデンスです。仕事がないのであれば仕事を持った人に来てもらいます。そこからベースを築いていき、新たなものを生み出していくという方法が考えられるのではないかと思います。

最後に、「ぼくの、わたしの好きな場所」。皆さん方にも好きな場所があると思います。ところが、この好きな場所を好きなまま置いておいても、何も変化がありません。では、どうすればいいのでしょうか。好きな場所を素敵な場所に変えましょう。

今日は、好きな三遠南信を、素敵な三遠南信に変えましょう。難しいですか?これは、案外簡単です。「すてき」のなかにも、「すき」が入っています。好きに何を加えたら素敵になるでしょうか。これは、「て」を加えるのです。「手」を加えるということは、皆さん方が行動を起こすということだと思います。いい方向に行動を起こせば、必ず市町村も都道府県も、ひいては日本の国も絶対にいい方向に進むはずです。ですから、それを信じて、一つ一ついい方向になるように行動するということが、一番重要になのではないかと思います。

時間がまいりましたので終わりたいと思います。どうもありがとうございました。

（終了）

第二部

パネルディスカッション

「外部人材の活用と創造的地域づくりの可能性」

・パネリスト

松島貞治氏（長野県泰阜村村長）

原和男氏（和歌山県那智勝浦町色川地域振興推進委員会会長）

石國佳壽子氏（島根県邑南町　地域おこし協力隊・アグリ女子）

・コメンテーター

黍嶋久好氏（三遠南信地域連携研究センター研究員）

・コーディネーター

岩崎正弥氏（地域政策学部教授・三遠南信地域連携研究センター人材育成部門責任者）

○司会（岩崎）：それでは、皆さん、あらためまして、こんにちは。ただいまより第二部パネルディスカッションを始めていきたいと思います。私は地域政策学部の岩崎と申します。どうぞ、よろしくお願いいたします。
初めにパネルディスカッションの趣旨を簡単にご説明したいと思います。今回のシンポジウム全体のテーマは「人をコンテンツにした創造的な地域づくり」ということでした。先ほどは、本当に圧倒されましたが、大南さんから神山町についての講演をいただいたわけです。

もちろん、ポイントはたくさんあったかと思いますが、とりわけ今は人口のことばかりが問題になっています。しかしそうではないと。どのような人材が必要なのか、その人材を通して、どのような地域へと現状を変えていけばいいのかが重要になるということだったと思います。

パネルディスカッションでは、そのあたりをより深めるかたちで討論したいと考えました。「外部人材の活用と創造的地域づくりの可能性」というテーマですが、本日は立場の異なるお三方にパネリストとしてお越しいただきました。そして、コメンテーターを含めて四名で意見交換ができればと考えております。

このあと、それぞれの自己紹介を兼ねて、各地域の取り組みの報告をしていただきますので、私からは各パネリスト、コメンテーターの紹介はいたしませんが、まさに外部人材を受け入れる側、そして、自らが外部人材として移住している側、双方の方にお越しいただきましたので、いろいろな立場から、この問題を考えていければと思います。現状報告、取り組みの事例です。そこで、当然、「こんな成果があった」ということも大切ですが、「現在、こんな課題がある」とか、「こんな課題があったけれども、今後はこういう方向で課題を乗り越えようと取り組んでいる」、そのあたりの展望も含めて話ができればいいかなと思っております。

皆さまのお手元に、パネリストの紹介とレジュメなどもご用意をしておりますので、そちらも参照していただきながら、パネルディスカッションを聞いていただければと思います。

それでは、早速ですが、まずは長野県泰阜村の松島村長から一〇分程度、泰阜村の取り組みをお話ししていただきたいと思います。松島さん、よろしくお願いいたします。
○**松島**：ご紹介をいただきました。三遠南信でいいますと、三河・遠州・南信州ですが、南信州の泰阜村の村長の松島貞治でございます。
過疎の山村で、村長をやっていますが、神山町の話はすごいなと思いながら聞いておりました。私も人口減少について、それはそれできちんと受け入れなくてはいけないと思っております。泰阜村の人口が一番多かったのは、昭和一二年頃だと思います。そのときに何が起こったのかといいますと、食べていくことができずに、満洲へ泰阜の分村をつくったという歴史がございます。「口減らし」という言い方は失礼になりますが、分村をつくった村が、八〇年が経過して「過疎だ、過疎だ」と騒ぐことは先輩に対して失礼かなと思いながらも、人口が減っていくなかで、減ってきたことは素直に認めようと思っております。

「過疎の山村で＝やっぱり『人』かなあ」

Ｈ２７．２　長野県下伊那郡泰阜村長　松島貞治

１．泰阜村の概況
長野県の南端　人口１８００人の過疎の村　林野率８６％
高齢化率　３９％
昭和１０年５８４４人⇒満洲開拓へ（泰阜分村）
平成１２年２１７６人　平成１７年２０６２人　平成２２年１９１１人
（平成２２年社会増１２名　自然減２５名
平成２３年社会増１１名　出生９名　自然減３７名）
保育園（平成２２年統合）０歳児から年長まで３８名
小学校（平成２２年統合）７９名
中学校（平成５年統合）　４８名

※６５歳以上人口　平成１４年をピークに減少⇒高齢化問題なし
※アクセスの悪い村　それでも中心市（飯田市）へ２０～３０分に

レジュメの後ろ側に、「3．これからの泰阜村」というところがございます。今、持続可能な地域をつくるのには、どうしたらいいのかと考えております。これは最後のテーマになるのかもしれませんが、私が思っていることを先にお話しします。

個人の家庭というのは後継者がいないと、そこで途絶えることもありますし、いろいろな事情でつながらないこともありますが、持続可能なものとは何かと言いますと、それは一つの仕組みであったり、人間の活動であったりするのではないかと考えております。

泰阜村には、伊那市に本社がある興亜エレクトロニクスという抵抗器をつくっている会社の子会社があります。それから、飯田市では一流企業の多摩川精機エレクトロニクスという会社があります。これは多摩川精機の前社長（現副会長）が泰阜村の出身だったということで、ご縁があって、この会社をつくってくれました。ともに四〇人ぐらいずつの会社ですが、事業活動についても、今つくっているものでなくても、つくるものさえ考えていけば継続できるのではないかと思っ

3．これからの泰阜村

（1）第二期人口減少時代

人口減少が話題の昨今。しかし、泰阜村では、昭和１０年以降増えたことは一度もなく減り続けいている。村や地域は、だめになったのか。みんないきいき暮らしている。

（2）持続可能な村をめざして

持続可能なものは

それは仕組みであったり、人間の活動であったり

企業活動＝興亜エレクトロニクス　多摩川精機エレクトロニックス

※企業は、つくりだす物さえ考えれば、継続できる

新しい公共

社団法人泰阜村地域振興センター：農協のガソリンスタンド廃止方針を受け、村と農協で負担し地下タンクを入れ替え、その後を運営。村営バスの運行受託

高齢者協同企業組合（出資組合員による自主運営）：村が高齢者共同住宅（兼交流センター）建設　それを運営

ＮＰＯ法人　グリーンウッド

小中学生の山村留学　季節ごとのキャンプ

村の自然を活かし自然体験、生活体験を柱に運営

全国的に有名に

ＮＰＯ法人　ジジ王国

ハードは村で建設。農村レストラン　農家民宿を運営

（野菜は、自分で研究した自然農法で

ております。

それから、新しい公共といわれるものです。七年か、八年ぐらい前に、農協のガソリンスタンドが老朽化したため廃止するということになりました。役場の周辺に一カ所しかないガソリンスタンドでしたので、どうするかという話になりました。「村でやればいい」「いや、それは駄目だよ」という話をしていたときに、立ち上がったのが泰阜農協で働いた農協のOBでした。それぞれに出資をして「社団法人地域振興センターやすおか」をつくりました。ガソリンスタンドとスクールバス、福祉バス運行などを受託して自立してやっております。

それから、高齢者協同組合です。高齢者共同住宅を村でつくりましたが、地域の交流センターも含めて、五万円ずつ出資をした皆さんが組合員で、自分たちの老後は自分たちで幸せなものにしようということでやっている企業組合があります。

それから、NPO法人グリーンウッドでは、山村留学を中心に、泰阜村の小・中学校で一七名の方が一年間通年で過ごされています。キャンプもおこなわれたりしています。

それから、「ジジ王国」というNPO法人があります。今日

※新しい公共は、地域振興センター以外は、Iターンの人たち、
　つまり支えているのは、やっぱり『人』

いま高齢者集落を支えているのは、「緑のふるさと協力隊」1名
農業自立の経営を目指す。特産品販売に取組む。「けもかわPT」で鳥獣との共生を考える。村の情報発信、移住、定住に。これらに取組むのが「地域おこし協力隊」5名

※村をだめだ、という原住民に刺激＝泰阜村がすばらしい！なんて
※魅力の再発見＝地区の共同作業、常会、行事、祭りがすばらしい！
　年寄りの生活力、地域の生活力がすばらしい！

しかし、足を引っ張るのも原住民。外部人材の取組み、活躍が覚醒作用となるかどうか⇒やはり、地域住民の意識が問題

は飯田線を利用して来たのですが、秘境駅といわれている金野駅周辺の集落があります。車の時代になり、だんだんと家が減り、いよいよ二戸しか残っていない集落がありました。そこへ川崎市からIターンで移り住んでこられた方が、こんないいところはないということで、地元住民が見捨てたところで、農家レストランや民宿を始められました。これらのハードは村でつくりました。

今、お話ししたなかで、「地域振興センターやすおか」以外は、全てIターンの方によって始められたものです。NPO法人グリーンウッドの雇用は、臨時採用まで入れると二〇人ぐらいの雇用ですが、全員泰阜村民になっています。

現在、泰阜村では「緑のふるさと協力隊」が一名、「地域おこし協力隊」が五名、それぞれに活躍されています。いろいろなことをやっておられます。私は生まれてずっと泰阜村だけに住んでいます。「田舎は駄目だ、山村は駄目だ」と思っていた人間で、山村コンプレックスを持っています。

しかし、「緑のふるさと協力隊」「地域おこし協力隊」の皆さん、NPO法人グリーンウッドのキャンプに来る子ど

2．泰阜村の課題

少子化

将来学校をどうするか

※一つの自治体に一つの学校がない時代を想定

遊休農地・荒廃地

※もともと山を耕地に⇒人口減少により山に返す

※守るべき所だけ守れば

※戦後の造林地（主にヒノキ）は、熊の被害でほぼ全滅

空　家（１５０戸程度）

※個人の権利であるが、取り壊しのルールができないか

※空家へ住みたい場合、空家改修費用２００万円まで村で負担

限界集落

※消えていく集落はあっていい（集落自然死論）

※公共施設などある程度集約化

就労の場

※広域的課題＝隣の飯田市などを中心に

※村の製造業の工場拡張＝村の人が就職するとは限らない

※村に立脚した小さな稼げる場所をつくっていく以外にない

もたちが、「泰阜村は素晴らしい」と言ってくれます。私のように生まれてからずっと村に住んでいる人間を、私は「原住民」と呼んでいますが、その原住民に刺激を与えてくれています。

私たちの村は、一九集落に分かれています。大きい集落は一〇〇戸ぐらいありますが、小さなところは五戸ぐらいの集落です。私の集落も九戸ということで、本当に小さな集落です。村では地域の共同作業をお願いしています。春夏の草刈り、冬にやったりもします。毎月一回は集まって町会をやったり、お祭り、神社の祭典などがあります。私はやらなければいけないと考えている人間ですが、それも大変なことだと思います。「道路愛護会」という名前をつけて道路作業などもしています。村の共同作業はなかなか大変です。私たちは大変なことだなと思っているのですが、「素晴らしい」と言われて、自分たちが暮らしていること、今までの村の営みというものが、「ああ、外から見れば、こんなにいいことだったんだ」ということに気づかされている村民もいるということです。

しかし、足を引っ張るのも原住民です。大南さんの話のなかに「アイデアキラー」という話がありましたが、「なるほどな」と思いました。絶対にアイデアキラーがいます。村長としては、とにかく前向きな取り組み、新しいことをやりたいと思っています。何もやらずに批判をすることが多いです。何かやろうとすると、「そんなことをしたって……」「あんなものにばっかり補助金を出して、俺らだって……」と、何もやっていない人がそういうことを言います。そういう人に足を引っ張られないことが大事だと思います。

特に外部から来て頑張っている皆さんを支援するために、行政が本気になって、要するに、まさにアイデアキラーというか、何もせずに、いろいろと否定する人を相手にしないということを明確にしないといけないのかなと思いながらやっております。基本的に、泰阜村での、このような活動は外の人に支えられてやっているという状況を報告して、最初の発言とさせていただきます。

○司会：ありがとうございました。新しい公共を支えているのは、Ｉターンの人たちだと。当たり前と思っていることに、価値の「気づき」を与えてくれるのも外部の視点だというお話だったかと思います。

アイデアキラーに関しては、いろいろと摩擦等、またあとでお話しいただくとしまして、続きまして、今度は那智勝浦町の色川地域から来ていただきました原さんからお話をいただきたいと思います。この色川地区は、知る人ぞ知るという、とても有名な地区です。Ｉターン者が全人口の四五％を占めています。Ｉターン者を積極的に受け入れてきた地区です。それでは、原さん、よろしくお願いいたします。

○原：原といいます。よろしくお願いいたします。大南さんの話に圧倒されながら、また、松島さんの非常にご理解のある首長さんの話を聞かせていただきながら、非常に感動をしているところです。

私は、和歌山県の那智勝浦町の山間部、林野率九九％ですから、完全な山奥の村からやってまいりました。報告させていただくのは、移住人口がかなり多いということで有名ですが、その移住者の入ってきた歴史を簡単にお話しさせていただきたいと思います。ただ、限界集落といわれるようなところで、総人口四〇〇人程度ですので、一般的な地域の地域づくりとは少しずれるかもしれませんが、そのへんはご承知おきいただきながらお聞きいただければと思います。

このような棚田で成り立っているような地域です。千年以上の歴史があります。平家の落人というようなこともあって、歴史が長く、文化伝統という意味

**移住者受け入れ
40年の歩み**

色川地域振興推進委員会
会長　原 和男
連絡先：0735-56-0553
syurakusaisei@zc.ztv.ne.jp

では厚みのある地域です。

移住者の受け入れのきっかけです。四〇年ぐらい前に、たまたま有機農業を目指すグループ「耕人舎」の方たちが訪ねてきました。いろいろと回られたらしいですが、四〇年も前のことですから、どこの田舎でも相手にしてもらえなかったそうです。たまたまこの色川地域で、数人の有志の人たちが対応したことでスタートしました。二年程、どのような考え方なのかというやり取りをしながら、その間、信頼関係が生まれて、一九七七年に移住をされたということです。

ただ、「耕人舎」の人たちが、自分で耕して生活できればそれでいいということで終わっていれば、そこでストップしたと思います。しかし、有機農業を全国に広めたいという強い思いを持っておられましたので、積極的に発信をされました。これは非常に大きかったと思います。

「有機農業に興味がある人、田舎暮らしに興味がある人、ぜひともおいでよ」ということで発信をされました。そして、少しずつ興味のある人が現れてきました。しばらく滞在して、色川が気に入ったという人たちが少しずつ出てきました。そんな人たちの移住も、引き続き、その有志の方たちは続けられました。

平成に入る頃には、移住者の数は一五軒、子どもの数を入れて五〇人ぐらいまでになりました。田舎には仕事もないし町へ出るのが当たり前の時代に若い

移住者受け入れのきっかけ

○ 有機農業を目指すグループ「耕人舎」が移住を希望して来訪
○ 地域の将来に強い危機感を抱いていた有志たちが対応
○ 2年のやり取りを経て信頼関係が生まれ1977年に移住

気候・地形

- 温暖、多雨
- 急傾斜地、棚田

移住者たちがどんどんやってくるのですから、「なんで、こんなところへ来るんや」という違和感、さらには、警戒感に近い「このまま放っておくと地域を乗っ取られるぞ」という話も聞かれるようになってきました。

このまま地元の人達と移住者の溝が広がっていくと大変なことになるということで、地域としての取り組みにしようと、当時各地区から選ばれた委員によって組織されていた色川地域振興推進委員会内に「定住促進班」を設置することで地域としての移住者の受け入れを開始しました。地域としての活動となったことで溝の広がりも気にならない範囲となり、地域としての動きということで行政のバックアップも受けやすくなりました。

具体的には、滞在施設や住宅の提供。また、空き家の改修費用等々の助成もいただいて、それなりに助かりました。最終的に、現在では一八〇人、比率では四五%が移住者になっています。ただ、ご多分に漏れず仕事はありません。仕事の紹介はできないということで、訪ねてくる人たちには、そのことを話しながら、結局、この数にまで増えたということです。なぜ仕事もないのに人が来るのかということをよく聞かれます。

実際に、定住希望者が来られたら、一五軒ぐらいの家を回ってもらうようにしています。その地域の実際の暮らし、住んでいる人の思いを聞いていただきながら、田舎の現実をしっかりと踏まえて、仕事については自分で探したり、

「耕人舎」は積極的に発信

- ○ 有機農業や田舎暮らしに関心のある人達が多く来訪
- ○ そんな中から移住を希望する人達が少しずつ現れる
- ○ 地域の有志達はそんな人達の移住の世話も続けた

地域としての受け入れ活動の開始

- ○ 平成に入る頃には移住者の数は15軒50人ほどに
- ○ 地域住民と移住者の間の溝が問題
- ○ 移住者の受け入れ窓口として「定住促進班」を委員会内に設置
- ○ 行政のバックアップが始まる

起こしたりするという覚悟のある人が、結果的に来られています。

一言で、町は居場所ではないと、どこか居場所を探したいという人たちが来ているという気がしています。地域の雰囲気、人の暮らし、住んでいる人たちの思い。また、「これから、こうしたい、ああしたい」というエネルギーが、来る人たちに居場所感を与えているのではないかと思っています。先ほど、大南さんも言われていましたが、結果として「人が人を呼んでいる」という捉え方をしています。

人口が増えて、結果として、学校が守られ、わずか四〇〇人の地域ですが、今度は小学校や中学校が建て替えをしてもらえるということでありがたいことですが、ただ、人が増えればそれでいいのかという点をもっと掘り下げる必要があるのではと考えています。

具体的には、「村も変わったなー」と寂しそうに話す人もあって、いったい何のために移住者を受け入れているのか、自分たちは地域の何を守ろうとしているのか、を突き付けられています。それが、ここ数年来の流れです。移住者を受け入れることを是として進めてきましたが、地域の課題を住民の自分事として検討を重ね、皆で「これから」を描くというプロセスを経ながら移住者の受け入れも皆の当事者意識の中で進めるべきだったと思っています。他人事という意識の中での地域の変化は「寂しそうに」という感情を生んでしまう訳で

人が増えればそれでいいのか

- ○ 「村も変わったなー」の一言
- ○ 何のために移住者を受け入れるのか
- ○ 地域の何を守ろうとしているのか

『これまで』があって『いま』があり、
『いま』があって『これから』がある

現在、地域人口400人のうち180人が移住者

- ○ 仕事紹介はしない（というより出来ない）ので、探したり起こしたりしている
- ○ 地域の雰囲気や人の暮らし・思い・エネルギーに居場所感を抱いての移住

『人が人を呼ぶ』

す。住民の当事者意識は「地域づくり」の礎だと痛感しています。「変える」のではなく「変わる」という雰囲気を大切にしたいと考えています。

先ほど松島さんも地域の魅力の再発見ということを言われましたが、本当に自分たちの地域に対する思いを整理し直さないといけない時期に入っていると思っております。

どの地域もそうですが、これまでの歴史があります。「これまで」があって、「今」があります。そして、「今」を踏まえて「これから」をどのように描くのかという流れのなかの「今」です。結局、今まで入ってきた移住者は、「これまで」がどうであったかということについては、ほとんど関心がありません。というより、蓋を開ければ、明日の生活に追われるという現実と「これから」への夢がエネルギー源という意味で中々目が向かないという状況です。そこが、移住者と地元との距離が中々縮まらない理由にもなっています。

そこで、これまでの暮らしの整理や記録、それを実際に発信していったりという活動が非常に重要だということで、「サポート人」として、地域おこし協力隊や集落支援員などを導入して、その人たちの力を借りてやっております。

結果的に、その人たちの活動を通じて、その人たち自身が地域をよく知り自らが有望な地域の担い手になっていくと同時にその人たちの発信や場づくりによっていろいろな移住者の人たちの理解や認識が深まっていくという、いい流れができていくと思っています。

移住者とサポート人のコラボレーションによって、入ってきた人たちの「担

サポート人の導入

○『これまで』の整理・記録・広報
○『いま』の地域活動のサポート
○ サポートを通じて地域を知り次に繋ぐ

移住者とサポート人のコラボレーション
により
互いの『担い手力』が育つ

い手力」、地域の担い手としてやっていける力が育っていくのではないかと思っています。

最終的に、移住者の受け入れは、あくまでも担い手の確保の過渡的手段にすぎないと押さえ直さないといけないと思っています。行き着くところは、生まれ育った人が居続けるという地域。全員ではなくて、きちんとした選択肢になっていく時代にならないと、本当に地域を守ることにはならないし、地域が持続可能なかたちで存続するということにもならないだろうと思います。

地域の機運やエネルギーというものが、人が人を呼ぶではないですが、人を残していくし、毎日、各家庭で夕食時にどのような会話をしているのかということが、意外と明日を決めていると思います。「こんな村、おったらあかんで」と、みんなが言っていたら、きっと明日はありません。しかし、「ここにおったら面白いぜ」という話をしていると、子どもたちは、それを聞いていてどう思うでしょうか。プラスの世界が出てくるだろうと思います。

私自身も移住者ですので、三四年前に移ってきました。ちょうど二六歳のときでした。その当時、村の人たちからは、「なんで、こんな村、来たん?」と、よく言われました。「こんな村、来たって、結婚もでけんし、仕事もないで」、最後には「こんなとこ、おったらあかんで」と言われました。愕然としましたが、多くの人が同じことを言いました。そういう住んでいる人の意識が、全てを決めていくのではないかと思います。できれば内発的な流れのなかで、前向きに転がっていくような気運さえ生まれてくれれば、どの地域でももっとよくなっていくのではないかと思います。

生まれ育った人が居続ける地域

○ 移住者の受け入れはあくまでも担い手確保の過渡的手段
○ 地域の気運・エネルギーが人を残す夕食の会話が子供を残す

『誇りの再生』

私たちのように、ただ人を受け入れることだけでもこれぐらいの動きにはなるのですから、どこでも人の思いさえあれば、地域の歯車は回り始めると思いますので、ご参考にしていただければと思います。以上です。

○司会：先ほどの大南さんの講演でもプロセスが大切だというお話が出ていました。色川地区も、四〇年近い取り組みをずっと続けてこられています。その意味では敬服すべき取り組みだと感じております。そのなかで、村の何を守るのか、何を変えていくのか、いえ「変える」のではなく、自分事として皆で「変わる」という雰囲気が大切だというご指摘は、非常に大きな問題提起だろうと思います。そのために外部人材をどのように活かすのかという、このあたりの問題点も含めて、またあとでお話をいただければと思います。それでは最後に、島根県の邑南町《おおなんちょう》から来ていただきました石國佳壽子さんからお話をいただきたいと思います。邑南町も「A級グルメ立町」「日本一の子育て村」ということで、過疎の再生に関しては非常に著名な地域です。また、「耕すシェフ」「アグリ女子」という非常に魅力的なネーミングをもった取り組みをやっている町から来ていただきました。では、石國さん、よろしくお願いいたします。

○石國：先ほどの、大南さんの活動に圧倒されながら、私も地域おこし協力隊で神山町に移っちゃおうかなというぐらいとても魅力的なお話でした。松島先生や原先生の前向きに地域を動かそうとする方々に囲まれて、この席に座っていいのだろうかと、ちょっと恐縮しています。

私は貫禄だけは一〇年ぐらい農業をやっているのではないのかと言われますが、昨年(二〇一四年)六月に、広島市内から島根県の邑南町へ移住いたしました。

地域おこし協力隊

アグリ女子の活動

島根県邑南町

町の地図を持ってくるのを忘れましたが、島根県のへそにあたる位置にあります。広島県の県境になります。

邑南町には、地域おこし協力隊として移住しました。もともと農業の勉強を希望しておりまして、広島で一五年ほど、家族で飲食店とか、六次産業でデパートなどへ卸す経営のほうをやっておりましたが、だんだんと食材のほうへ意識が行きました。自分たちで食材をつくることもできる、そういう経営をやりたいというところから始まりました。もともと田舎暮らしに憧れていました。取りあえず家庭菜園レベルからですが、五〜六年かけていろいろとやっていました。これを生業にする、農業で生きていくということで、次のステップがすごく重要でした。

私の母はオーストラリアが実家で、オーストラリアというのは、皆さん、ご存じのように一〇〇％以上、二〇〇％を超えるぐらいの自給率です。今はだいぶ下がっていますが、農産物の栽培が盛んな国というイメージがあると思います。私もそうです。一昨年、そのイメージを持ったまま土地を探しに行ってきました。

やはり、規模も違いますし、法律も大きく違います。今はだいぶ落ち着いてはきているのですが、インフレ率がすごく高いです。こちらで買おうとしている土地の面積からすると、「農業やりたいんだったら、そこの土地でやるべ」というような田舎の土地が一〇〇〇万円、二〇〇〇万円というスタートになってきます。

ワイン農園などを引き継ぐにしても、規模が違いますのでスタートが億単位のレベルになってきます。国土は大きいですが、人口が日本の一〇分の一ということで、マーケットとしてはものすごく狭い国です。中国や他国に輸出をして生計を立てて国として成り立っているところがあります。そのなかに入っていくのはすごく無謀なことだということで、夢を持って行ったのですが、諦めて帰ってまいりました。

そんなときに、たまたま知人から邑南町という名前を聞きました。どんなところだろうかとインターネット検索で調べてみると、邑南町の地域おこし協力隊で、「耕すシェフ」というカリキュラムをやっていることを知りました。ちょっと面白そうだなと思いまして、すぐに観光課に電話をしました。私は自営でシェフをやっていましたので、「ちょっと耕すだけやらせてもらえませんか」ということで、いままでの実績を猛アピールして有無を言わせず、「取りあえず、じゃあ、見に来てください」というように話を持っていきました。

それまで、邑南町には一回ぐらいしか行ったことがありませんでした。広島県の人間からすると、邑南町はスキーをするために行くすごく有名な場所です。特に観光として有名なところだというイメージはありませんでしたが、取りあえず行ってみました。

そうしますと、まずスライドの右側にあります「素材香房味蔵―ａｊｉｋｕｒａ」という町営レストランですが、ここを境に、周囲には日本で唯一自然放牧牛乳をやっているＭｕｉ（ミューイ）さんなど、派生的に民間のレストランがいろいろとできていました。昔に行った邑南町と違うところがありました。

このａｊｉｋｕｒａは、もともと民間の方が町と一緒になってスタートさせたレストランです。最終的に、町でやってもらえないかというところから、地域おこし協力隊と一緒になって運営するというかたちになりました。ａｊｉｋｕｒａは、今年の四月に民営化します（二〇一五年四月民営化）。東京から新しいマネージャーが来ました。前向きでイケメンで元モデルという方ですが、これから会社としてやっていくということで、町から完全に切り離していくかたちになります。

「耕すシェフ」というのは、ａｊｉｋｕｒａで研修をしながら農業指導を受けることになります。また、邑南町には、矢上高等学校が一校だけあります。高校のスイーツ甲子園に出場したりしています。食べることに、すごく力を入れている町です。

私自身が六次化と飲食店をやっていて実績もありましたので、お客さんを引っ張ることができると、人間は食べることへの欲求が高いと。それを地域おこしとしてやっていくことは、とても魅力的だと思いました。

そのうえで、やはり町が「A級グルメ」として、「A・B・C」のA級ですが、B級は流行り廃りがありますが、A級は永続的であるという発想のもとに、石見和牛、ハーブ米、キャビアも養殖しています。お酒もすごく盛んにつくっています。先ほどの自然放牧された牛からとった牛乳ですが、「毎日、味が違って当然」というのが売りの牛乳です。これは町だけではなく、全て民間でやっています。それぞれが誇りを持って邑南町を盛り上げようという意識がすごく高いです。

私自身が経営という観点から農業を見たときに、「農業をやりたいんだよね」と言ったときに、「新規だと、三年から五年は農業では食べられないと思え」と、皆さんが言われます。三年から五年食べられなくて、自分でトラクターを買ってやるとなると、準備金が六〇〇万円、七〇〇万

円という世界になってきますので、「そんなに簡単に農業っていうのはできないよね」ということになってしまいます。

新規就農というのは、ものすごくハードルが高くて、若い人たちにとって手を出せないのが現実です。「半農半X」という言葉があるように、半分は農業をして、それを補うために「半X」として、何か六次化であったり、レストランなどをして生活をしていこうと、私自身も農業を営んでいく上ではやっていこうと考えました。

邑南町は、年間一〇〇万人近い観光客が訪れるところです。その当時、広島が世界遺産に登録されたときに三〇〇万人の観光客が訪れました。それに比べますと、一〇〇万人というのはすごく大きな規模だと思いました。一〇〇万人のうち、例えば一％の人にでもきてもらえたらと、すごく魅力を感じたわけです。

それまでにも、いろいろな土地を見に行ってはいましたが、そこで田舎暮らしをすることに二の足を踏む理由が人間関係です。人間関係で何かあるのかといいますと、やは

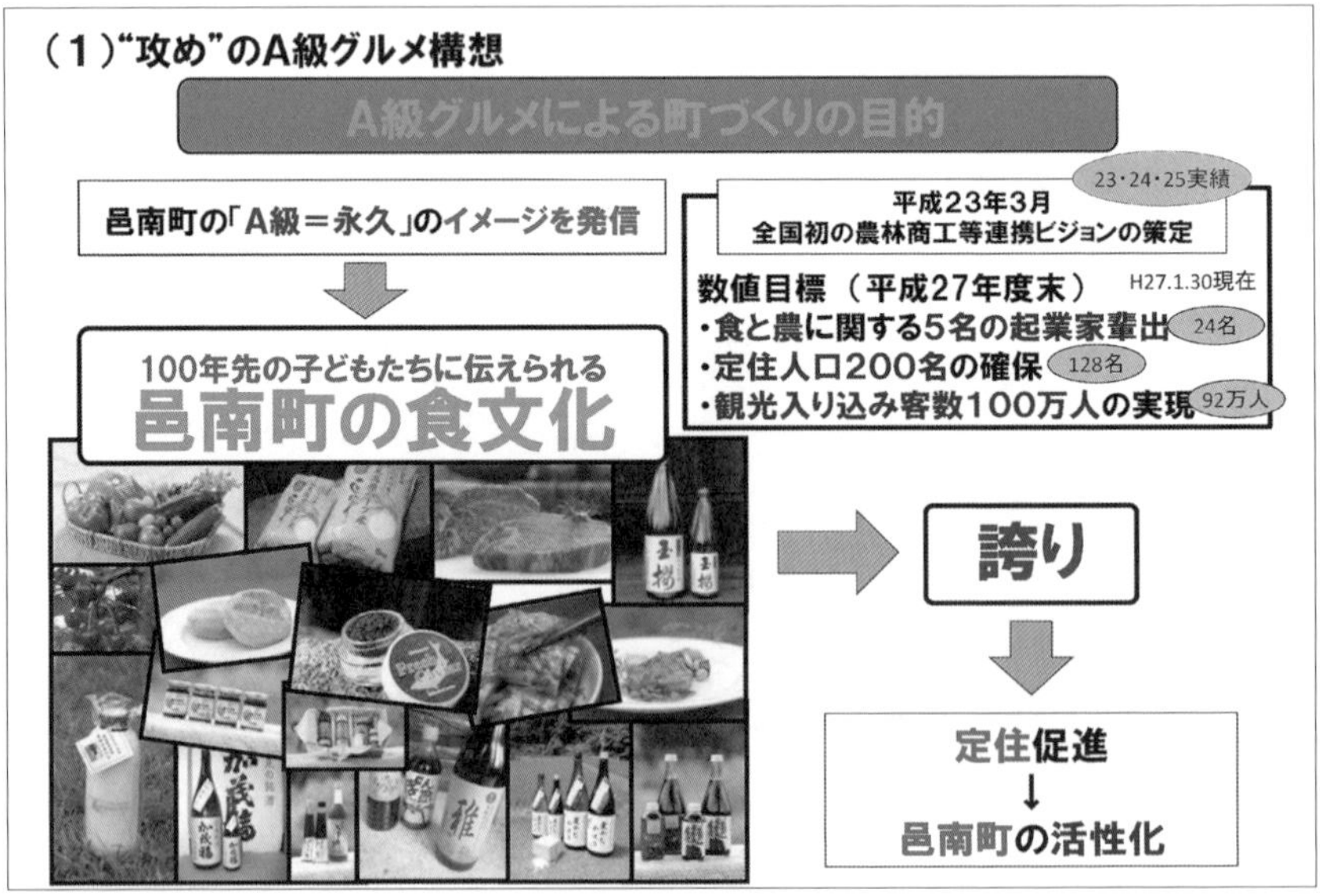

(1)“攻め”のA級グルメ構想
A級グルメによる町づくりの目的
邑南町の「A級＝永久」のイメージを発信
100年先の子どもたちに伝えられる
邑南町の食文化
23・24・25実績
平成23年3月
全国初の農林商工等連携ビジョンの策定
数値目標（平成27年度末）
H27.1.30現在
・食と農に関する5名の起業家輩出
24名
・定住人口200名の確保
128名
・観光入り込み客数100万人の実現
92万人
誇り
定住促進
邑南町の活性化

り「よそ者」と言われるのではないかという怖さがありました。

邑南町へ見に行ったときに、昼食をとったお店が、和食のビュッフェ形式のお店でした。そこの年配の店主に、「僕は、ここにIターンをして十数年なんだけど、一度として人間関係で嫌だと思ったことはない」と言われました。おそらく二〇代の子に言われたのであれば、「ああ、まだ若いね」と思うのですが、父親と変わらない年代の方に言われましたので、何か説得力がありました。実は、その一言で決めたところが多分にあります。「そんなに人間関係がいいんだったら、ちょっと楽しそうだな」ということで、すぐに移住の準備に入りました。

一カ月後に、そのお店へ行って、「来たよ」と言うと、向こうも驚いていました。今では、「お父さん」とか、そこの奥さまのことを「ヨウコさん」と呼んで、すごくかわいがっていただいています。六月から単身で引っ越しをしました。昨年（二〇一四年）一二月に広島の実家を処分して、完全に邑南町人になろうと腹をくくりました。母と兄、

(1)“攻め”のA級グルメ構想

ーA級グルメ発信基地・食の研究所：町営レストラン　素材香房ajikuraー

ー100年先の子どもたちに伝える邑南町の食文化：邑南町立食の学校ー

ネコを一二匹連れて、今、新しい借家で一緒に住んでおります。

先ほど大南先生がおっしゃったように、外から見た人間にとって、今風な家には魅力が無くて、どちらかというと古民家を改修して住みたい、その古民家の古さがいいということが往々にしてあります。地元に住んでいる方からすると、都会の人に来てもらおうと思うと、きれいな家でないといけないと、そこのズレはものすごく大きいです。外から見る魅力はまったく違います。先ほど松島さんがおっしゃったように、原住民の方との間に、ものすごくギャップがあります。ですから、そこを、いかに埋めていくのかということが、とても重要です。外から来た人間は、「棚田がきれいだ」とか、そういうことで感動してしまいます。

現在、私自身が「アグリ女子」ということで、農業をするというよりも、邑南町自体がスキーで有名なところですので、農閑期という雪のために何もできない時期が三カ月ぐらいあります。今は農閑期に入っております。もともと私自身は農業を本気でやるために来たのですが、ご縁があって私自身が「アグリ女子」の第一期生の一人なもので師匠がおりません。面接の時に、「じゃあ、こんなことをやっちゃおう」ということで決まってしまったものですから、カリキュラムがないままで、「すみません、石國さん、一年間使ってカリキュラムをつくってください。よろしくお願いします」「わかりました」というのがスタートでした。師匠もいなければ何もない状態でした。

たまたま七月に有機栽培のＢＬＯＦ理論といいまして、お聞きになったことがない方ばかりだと思いますが、その新しい講座を開いたりしてやってきました。それで、今年度、会社を立ち上げる準備をしております。あと四月から「オーガニックアカデミー」という有機栽培の新規就農者を増やすためのカリキュラムをやっております。

○司会：ありがとうございました。仕事起こしということが、おそらく移住をするにあたっての重要な問題となると思いますので、このあたりは、ぜひまたあとでお話を伺いたいと思います。

以上で、三名、三地区の取り組みの事例報告をしていただきました。今日は、コメンテーターとして黍嶋さんに来ていただいております。黍嶋さんは、旧国土庁の「学生地域づくりインターンシップ制度」の制度設計に関わってこられた経験をお持ちです。外部人材という観点から、ぜひコメントや質問をいただければと思いますので、よろしくお願いいたします。

○黍嶋：愛知大学の三遠南信地域連携研究センターの黍嶋です。大南先生のお話を聞いて、他人事ではないなと思いました。私は、愛知県豊根村という山の中に住んでいます。ここでも外部人材を受け入れており、同じような経験をしています。ちょっとつらい立場ですが、コメントをさせていただきたいと思います。

最初に、松島村長さんからお話をいただきましたが、村長さんは、「都会にあるものが、ないのが山村だ」という持論をお持ちだと思います。都会にあるものがないという、ここが私にはよく理解できなかったのですが、モノのことではなくて、人のことをおっしゃっておられていたと思います。村長になる前の役場の職員時代から、そのことをずっと言い続けておられます。二〇年という動きのなかで、「泰阜村は何もやっていないよ」ということをおっしゃっていますが、今日、話してくださったことは、他の町村では真似できないことが多々あると思います。

行政にいた者としてはよくわかりますが、泰阜村でやったことが豊根村でも使えるかというと、それは使えないということもございます。今日、自分事としてお越しになっている方々は、ある面で、地域づくりや村づくりの当事者の方が多いと思います。置き換えていただき、わが村、わが町、わが地域を捉えていただければ、お三方がお話ししてくださったことは、どこかで接点があり、村づくりの原動を確認することができると思います。

泰阜村の事例は、私の村では使えない、使う術もないとすれば、やはり独自のものを考えざるを得ないということを、毎回、会うたびにご示唆いただくのが泰阜村のやり方です。泰阜村が特殊ではないと、私は勝手に思っているというのが今日の感想でございます。先ほども、いろいろな事例を挙げられましたが、やはり一年や二年ではないわけです。一〇年、二〇年、三〇年かけてやっておられるわけです。そのことをきちんと私たちは学ぶ必要があるのではないかと思います。

昨年、和歌山県那智勝浦町色川地区の原さんのところにお邪魔をさせていただきました。ちょうど川崎から移住をしたいというご夫婦の面談をされているところでした。その場に、岩崎先生と一緒に立ち合わせていただきました。そのときに、一番印象に残ったのは、「あなた、一年間、何もなしでも食っていける覚悟はあるか」ということを、地区の方が問い掛けていたことです。田舎暮らしへの憧れだけでは駄目だということだったと思います。先ほども原さんは、覚悟ということをおっしゃっておられましたが、もう一点、詳しくご紹介いただきたいのは、その委員会のなかで定住者訪問と、色川体験という三泊四日か、二泊三日かなど何らかのお試しをやって、そこで人を選ぶということを、原さんもおっしゃっていた気がします。単に、「移住者、いらっしゃいよ」というのではなくて、きちんと入り口のところで吟味するというとおかしいかもしれませんが、キャッチボールをしながら人を選んでいくことをやっておられるのかなと思いましたので、そこをぜひお教えいただきたいということと、おそらく、原さんも二代目が定住したと聞いております。息子さんが色川に定住をされているという、そんなことを含めて、後ほどお聞かせいただければと思います。

それから、邑南町についてですが、先ほど岩崎先生からご紹介いただいたように、学生の地域づくりインターンという制度を使って、都会の学生を受け入ることをしている島根県では唯一の町村だったような気がします。そのときには「外部」という言葉は使われなかったですが、都会に住む若者を地方で体験させて、また出身地へ返すというプログラムでした。政権交代によって、その制度事業がなくなってしまい、今は続いていないですが、そういう受け入れをしていたことです。

もう一つは、島根県に「ふるさと島根定住財団」という県がやっている外郭団体があります。ここは島根県下の市町村のなかで移住プログラムを組んでおられます。農業もあり、福祉もあり、観光もあり、教育もあり、医療もありというプログラムを組みながら、半年間なり、一年間なりのトレーニングをして着地をさせるという仕組みをやっています。その面では、県の役割はいったいどうなるのかということも含めて、あとでお聞かせいただければと思っています。以上でございます。

○**司会**：今、質問も出ましたが、今度は二巡目ということで、具体的に外部人材を導入した場合に、それが村や町を変える一種の起爆剤になるという可能性があると同時に、先ほど、「村が変わって寂しい」という原さんからのお話がありましたが、当事者意識をもてないと当然、反発も起こってきます。そのあたりのマッチングに関して、どのような課題があるのか、どのような苦労をされているのか。そして、その課題を乗り越えるために、どのようなことを考えているのかということを伺えればと思います。また、松島村長さんからよろしいでしょうか。

○**松島**：長野県の佐久総合病院の色平哲郎《いろひらてつろう》という有名なお医者さんが「風の人、土の人」という言い方をされます。非常に面白いというか、「なるほどな」と思います。彼もあちこちの診療所に行ったりしています。やはり先生自身も、「私は風の人だ」という言い方です。

ＮＰＯ法人グリーンウッドの連中に、江戸っ子は三代だといいますが、田舎で市民権を得るのには二〇年や三〇年はかかると励ましの意味で言っています。

外から入ってきた人が田舎で暮らすためには、「風の人」という認識を少し持っていたほうがいいと思います。すぐに「土の人」になることは無理ではないかと思います。私は行政の人間ですから、原さんも言われましたが、人が増えればそれでいいのかと。取りあえず人が増えてくれればと思っているのですが、一方では、来た方が定着する、定住するというのは、われわれから見ると「風の人」という感覚です。来る人も「風の人」という感覚は必要だと思います。そのなかで、行政は何かということですが……。

先ほどの「アイデアキラー」という言葉が非常に印象に残っていると思いますが、行政と原住民がアイデアキラーにならないこと。実際に、外から来て汗を流して頑張って活動をされている人を支える、その価値を認める人が、先ほどの石國さんの話のなかに、「うまくいっているよ」という先輩のことがありましたが、その意味で、新しい人と原住民とを融合させていく役割を、役場やわれわれ行政側がアイデアキラーに絶対ならないという覚悟が必要だということを感じました。

〇司会：融合させる場合、特に、こんなことがあって、こういうことをしたら、うまくいったという事例はございますか。

〇松島：私はもうすぐ六五歳になるのですが、私たちが世代の中心になっています。この世代はほとんど社会性もあり、戦後民主教育を受けた影響もあって、基本的にみんなと仲良くしようという気持ちは持っています。世の中全体の動きもあって、二〇年前よりも全体的に受け入れやすくなっているとは感じます。

ただ、「村長、どうせ入れるなら、いいやつを呼んでこい」と言う人がいます。なぜかというと、要するに、「俺の言うことを聞かん」、だから面白くないというわけです。でも、「世の中、そんなもんじゃない」ということ、そういう声がまかり通らないということを、まず行政自らが古いものと新しいものをミックスしたいい地域社会をつくろうという気持ちを、われわれは持ち続けることが一番大事だと思っています。

○司会：おそらく、「土の人」も変わらざるを得ないということだろうと理解をしました。それでは、同じ質問ですが、原さん、色川地区では、先ほど黍嶋さんからも質問がありましたが、移住に至るまで、電話相談から始まり、資料を送られて、現地を訪問して、合宿したり体験したり、さまざまな試行錯誤を重ねて移住者を決定することをやっておられます。そのなかでの課題や、この課題をこうやって乗り越えたという事例がありましたら、ぜひご紹介ください。

○原：はい。先ほども話をさせてもらったように、三泊程度で一五軒ぐらいの家を回るというかたちを取っています。地域の現状をしっかり知ってほしいということです。こちら側も、どんな人なのかということを、その一五人を介して知りたいと。そこでマッチングをする。お互いに、「いいね」という雰囲気になって住宅を紹介するかたちになります。

「誰でもいいから来てください」というのは、とんでもない話です。その地域がいいなと。その地域をイメージしたときにズレていない感じにするにはどうしたらいいのか。私たちは人を介してしています。地元の人たち、新規の人たち、いろいろな人たちに、まずは会っていただきます。その日常に触れてもらうことを介して、できるだけ地域らしさを知っていただきたいということをやっています。

ただ、それだけで丸ごとわかるということではありませんので、ある程度の雰囲気だけをつかんでもらって定住されるのですが、正直、地元の地域側の姿勢、考え方、意識の持ちようが非常に問われています。

一つ言えば、先ほどの「入ってきたやつは自分の言うことを聞かない」という話に類するのですが、本当に自分たちは地域をどうしていきたいのかという明確なビジョンをできる限り多くの人たちが共有していくことが大事です。そのために、いい意味で、入ってきた人間を利用しようと。それを使って何とか、「こうしよう、ああしよう」と。先ほどの必要な人材を募集していくことに通じると思います。

やはり、自分たちの地域への思い、構想、ビジョンをしっかり持っていく思いが地域に問われています。それさえあれば、どうしようもないところで腹を立てるはずがありません。少々違っても、合うところで精いっぱい、いい意味で利用してやろうと思うはずです。そのあたりが地域側で、まず求められていることだと思います。

入る側についても、「できるだけきちんと溶け込んでくださいよ。地域の流れにしっかり乗ってください」と言いながら入っていただきます。初めは、それなりにスムーズです。各集落でそれなりに溶け込んで頑張ってくれていますので、区長経験者も十数名います。地域でも、それなりに頼りにされてきます。そして一〇年ぐらい経過して、だんだんと慣れてくると、完全に同列だと思ってしまいます。いい意味で同列ならいいのですが、先ほど「よそ者」という話がありましたが、ある移住者は一五年ぐらい経ったときに区長さんをされたんですが、ある場面で「おまえ、よそ者やから、黙っとれ」と言われたのをきっかけに、地域ともめてしまって、最終的には出ていってしまいました。

私自身、三十数年住んでいますが、死ぬまで「よそ者」だと思っています。自分がよそから来たから「よそ者」であるという、ただ事実の話であって、ずっとここで住んでいて先祖も背負っているのが地元民であるという単なる違いです。その違いは押さえるべきです。よそから来た者は、よそ者の誇りを持てばいいのです。よそ者にしかできないことが山ほどあります。それは地域の先を考えた場合に、とても大事なことです。その意識や考え方を、入ってくる人間はしっかり持つべきだと思います。

例えば、先ほど見ていただいたように、棚田が多くて非常に条件不利地ですが、そういうところを耕して、そこの恵みを受けて生きることに非常に豊かさを感じます。しかし、その棚田は、自分がつくったわけではありません。何百年、千年以上かけて棚田はできたわけです。多くの名も知らぬ人たちのエネルギーの結果です。自分たちは、それをたまたま耕しているに過ぎません。これまでの多くの人たちのおかげで生きているという意味でいえば、よそ者というのは今だけを生きている。そこを押さえるべきではないかと。入ってくる場合には、「これまでのおかげで、今がある」という意識は絶対に大事です。そこを押さえていると、関わり方が大きくズレないと思います。問題やケンカは本質的にそんなに起きないと思っています。そのあたりが受け入れ側と入る側との、いい意味での覚悟というか、意識付けが極めて大事だと思っています。

○司会：はい。なかなか違いを認めて、互いにリスペクトし合うことは本当に難しいことだろうと思いますが、まさにその地域の持っている雰囲気―大南さんも強調されていた「場」ですね―が、そういうものを促進していくと感じました。

それでは最後に、石國さん。原さんもご自身は一九八一年に移住されて三十数年ということですが、新規移住者として石國さんには、移住側から見て何が課題になるのか、移住にあたって、そこに定住することを考えたときに何が課題になるのか。そのあたりを新規移住者としてお話しいただければと思います。起業に関しては、またあとでお話しいただきたいと思います。いかがでしょうか。

○石國：私自身に当てはめて、ほかの方にもよく言われたのですが、田舎に行って一番困るのは、実は不動産です。邑南町もそうですが、廃屋が結構あったりします。田んぼをするときだけ戻ってくるので、家を貸さずにそのままになっている家、「誰かに貸すんだったら、手を加えんといけんから、そこまでの労力なり金銭力はない」ということで空き家になっているものも多いです。役場もさほど物件を持っているわけではないので、田舎に行ったら横のつながりがすごく大事だということは言われていましたので、横のつながりを使って、いろいろな方に声を掛けて、やっと見つけたという感じでした。

私としては、一番重要だったのは、役場がマッチングしてくれるということでした。邑南町では、まだそんなに力を入れていないので、それが私のなかでは問題点です。逆に、ほかの地域の方に聞いても、なかなか借家がないとおっしゃっているのをよく聞きます。共通して、この回りの地域ではあることなのだろうと思います。

先ほども原さんがおっしゃっていましたように、人間関係のよそ者というところで、入る人間としての覚悟は、私もすごく大事だと思っています。私自身も広島の家を処分したのは、広島に帰るという退路を断ちたかったからです。ここで根を下ろすということを、地元の方に見ていただきたかったですし、自分も覚悟してきたという思いを込めて、広島の実家を手放すことにしました。

先ほどの松島さんではないですが、「風の人」という、入る側としてできるだけ「土の人」になるようにという心構えが、自分自身も周りの地域おこし協力隊に対してすごく思うところがあります。三年間いれば、就職活動の延長のような感じでいるというのは、やはりあえて入る側として、それは違うのではないかと思います。

受け入れていただく側としても、「よそ者」という言葉は、先ほどおっしゃった「よそ者、ばか者、わか者」と、この三つをよく言われるのですが、二〇年前に土地を探していた頃は、よそ者に対してはものすごく排他的で、

「なんで、おまえらに見せなきゃいけないんだよ。先祖代々から受け継いでるものを……」という、本当に全然違う世界でした。

私が邑南町に来たときには、二〇年前とはよそ者に対する見方が変わってきていました。少しずつだとは思いますが、やはり過疎化への危機感を持って、みんなの意識が変わってきています。ですから、お互いに踏み入ってはいけないところと、変わらなければいけないところを、それぞれの立場で考えなければいけないとすごく感じます。

○司会：中国山地は『地域再生のフロンティア』（農山漁村文化協会）という本も出ているように、過疎再生の先進地域としてよく紹介されています。石國さんは、中国山地のなかでも邑南町を選ばれたわけです。特に、邑南町の居心地の良さというのでしょうか、もし、そういうものがあれば教えていただきたいと思いますが。

○石國：邑南町は中山間地なので、同じ島根県内でも方言が違ったりします。邑南町人はどちらかと言いますと、隣の芝も青く見えない、自分のことだけ考えるというところがすごく強いです。人の悪口や噂話をする人がいても、「あんたにゃ、関係ない話でしょ」と言われる方が、そのグループのなかに必ず一人か二人はいらっしゃいます。ですから、さほど人間関係で不快感がありません。私もよそ者ですから、「何か言われているんじゃないか」と心配しなくていいところが、すごく大きくあります。

唯一、邑南町で嫌いなところは、雪がすごいことです。邑南町にはまったく関係のないところです。それだけが広島市内から行くので慣れていない、それだけです。本当に居心地がいいところです。

○司会：ありがとうございました。それでは、時間もあと三〇分弱になりましたので、最後のテーマに移りたいと思います。皆さんもご承知のように、昨年いわゆる「増田レポート」（増田寛也編著『地方消滅』中公新書、二〇一四）が出されました。そのなかで全国の消滅可能性都市のリストアップがされました。確か八九六市町村だったと記憶しています。名指しされた自治体・地域現場では怒りの声をよく聞きます。

今日、お越しいただいたパネリストのお三方の地域で、泰阜村はリストアップされていないのですが、那智勝浦町も邑南町も、また基調講演のあった神山町もいわゆる消滅可能性都市にリストアップされています。

これには反論が幾つも出されています。私自身、かなり疑問を持って、この消滅可能性都市を見ているのですが、最後にパネリストの皆さんから、今後の展望について、今、述べた地方創生に対する注文でも構いませんが、今後の小さな自治体、過疎地域が生き残っていく戦略をお聞かせいただければと思います。

まずは松島さんからお願いしたいと思います。かつて松島村長が「私は国策を信じない」と言われました。そのことが私の記憶に強く残っています。それは戦時中の満洲移民です。泰阜分村という苦い経験がおありになるからです。そんなことも含めまして、また自立ということもずいぶん昔から掲げておられますので、小さな自治体の、まさに生き残り戦略について、首長としてのお考えをお聞かせください。
○松島：満洲分村で一二〇〇人送り、六三八名が犠牲になっているという歴史があります。国策は必ずしも国民を幸せにするわけではないということを、いつも話しています。国を信じて満洲に行ったけれども……という話です。それを知らなかった村も問題だと思っています。
私は、これから「多様」という言葉をキーワードにしようと思っています。満洲分村もそうでしたが、当時、長野県の全体もそうでしたが、産業が養蚕しかありませんでした。生糸が暴落したため、分村ということになったわけです。産業が一つだけだったということが大きく影響したということです。

石國さんも言われましたが、小田切徳美さんがいわれる「半農半X」（塩見直紀）、半分農業で半分林業で、半分『X』、食べていくための「X」、この「X」を、なるべく多様にして、いろいろな生き方ができることでの移住・定住というか……。先ほどの皆さんの話のように、こういう「X」があるということも提供して、多様に泰阜村で生活することができることを宣伝しながら、移住・定住に結んで、人口は減るけれども、年寄り、生産年齢人口、一五歳以下の人口が、ある程度バランスが取れるような地域を目指したいと考えています。

半農業、半林業、プラス半「X」の「X」を探すために、地域おこし協力隊の皆さんにも、いろいろと取り組んでいただいていますが、実は「X」探しと位置付けております。

私の集落にIターンした方で、有機農業よりもっと自然に近い「自然農法」で水田をつくっている人がいます。私も水田があります。私の水田の隣にも水田があります。私たちの水田は、ずっとここでやっております、もちろん除草剤も使います。それでも少ないほうだといわれておりますが、私たちの田と自然農法の水田の草を比べると、ものすごい草です。それを手で取っていらっしゃいます。とても私たちにはできないと思うのですが、やっておられます。

その方は自然農業をやりながら、夜は村の福祉施設で夜勤をして生活費を稼いでいます。そうしながら自然農法を実現するという。自然農法プラス半「X」、「X」のところは福祉の夜勤で稼ぐと。決して金銭的には恵まれていないですが、これも一つの立派な生き方です。

少し神山町からヒントをいただいていますが、半農、半林、半「X」の「X」を、たくさんつくることができるかどうかが、泰阜村を持続可能にさせるのではないでしょうか……。

地方創生というのは、国で半「X」を何とかしてくれることは絶対にないと思っています。私たちの新しい公共を見ても、例えば「地域振興センターやすおか」にしても、国がビジョンのなかに入れるより前からやっていることです。国は後方支援に徹し、県も後方支援です。われわれが何をするかということに尽きると思っています。その意味では、「多様」な生き方ができる山村社会をつくりたいというのが、今の考え方です。

○**司会**：ありがとうございます。「小さな経済」ということがよくいわれますが、まさに、それを組み合わせた「多業」ですね。そのなかで多様性を確保すると。

○**松島**：先ほど話があったとおり、なるべく地域内で経済を循環できるようなことを想定しながらということです。

○**司会**：以前、泰阜村の地域おこし協力隊の方の報告を聞いて、泰阜村は「泰阜暮らし」を、つまりライフスタイルをブランド化するような取り組みをされていると感じました。

それでは、続きまして原さん。近年、「小さな拠点づくり」ということを国交省も推奨しているわけです。同時に、広域ネットワークの重要性ということで、原さんはNPO法人地域再生ネットワークを立ち上げて、さまざまな活動をされています。そのきっかけや内容を、今後の展望と併せてお聞かせいただければと思います。お願いします。

○**原**：まだ動きはそんなに大きくなっていないので何ですが、きっかけとしては、色川という地域は、たかだか四〇〇人ほどの小さな山村です。そこで精いっぱい自分たちでできることをやりつつ、将来ビジョンをみんなで描こうということでやってきました。行き着くところは、ある程度の広域でもって、どのように社会を形成していくのかということと無縁ではいられないと。その動きがきっちりないと、結局は、私たちの地域もよくならないことが明らかだと。

松島さんも言われていたように、特にグローバル経済のなかで翻弄されるという動きではなく、地域のなかで、経済を取り戻すために、実体経済を自分たちの手にできる限り取り戻していくという動きがすごく大事だろうと。

そのためには、自給圏域を描くことが大切だと考えます。地域としていろいろな部門で自給圏をしっかりと描きながら、そこでの連帯感・連携感を広域で描いていくことが、どの地域でも非常に大事になってくると思っています。その取り組みを、ぜひとも連携のなかでやっていきたいということです。

先ほどの小さな拠点ではないですが、まず目の見える、名前と顔が合う、小さな身の回りの世界、日常の世界でもって自分たちはどうしていくのか。これからどうしていくのかという構想ビジョンづくり。要は自分たちの将来像を、小さなエリアでしっかりと描いていくことが、まずは大基本だろうと思います。その部分が核にないと、結局、先ほど話をさせてもらった、地域間連携も実を結ばないだろうと思っています。両方の流れを何とか形にしていけるような動きをと思っています。

もちろん、地域から発信するというふうにして、なかなか難しいのは「あんたの地域は、ようけ人も入っていいよね」と、今になってから、よその地域と連携を取ろうと思うと、温度差があって連携が取りにくいです。できれば国で音頭を取っていただいて、小さな拠点ではないですが、さまざまな地域がしっかりと自分たちで絵を描く動きと、連携を組んでいく流れづくり、雰囲気づくりを少しバックアップしてもらえればありがたいと思っています。その意味で、そのあたりの施策での要望はありますが、そういう思いがします。

○司会：その連携というのは、特にある一定の地域圏内での連携ではなくて、それを越えた連携をお考えになっていますか。

○原：例えば、エネルギーであれば、このエリアとか、食料であれば、このエリアとか、介護福祉ケアであれば、このエリアということが、やり取りをしていくと見えてくるので、そのあたりでの連携を、地域を越えてやっていくことが大事だと思っています。

○司会：ありがとうございました。それでは、最後に石國さん。今後の事業展開の展望と絡めて、特に仕事おこし、起業という側面から何かお感じになることがあれば、お話しいただければと思います。

○石國：先ほどの話の途中からになりますが、実は私自身は有機栽培をやりたいという思いはありませんでした。漠然と、安全でおいしくて、栄養価が高くて、収量が上がれば経営として成り立つではないかと。

そのときに出合ったのが、小祝政明先生という方の「BLOF理論（生態系調和型農業）」です。BLOF理論は、安全でおいしい作物をつくるためには、まず植物生理を理解することであると。「BLOF」は「Bio Logical Farming」の略で、生態系調和型の有機栽培を実践することです。植物生理と有機栽培を実践すること、有機は安全だと、地球にいいという思想啓蒙的なところがすごくあり

安全(健全)で美味しい作物を作るには

Ⅰ．植物生理(**仕組み・摂理**)を理解すること

Ⅱ．植物生理に合った有機栽培を実践する事

- 長所
- 短所
  - ミネラル(リン・カリ・カルシウム・マグネシウム、等)の過剰と欠乏
  - 微量要素(鉄・マンガン・ホウ素、等)の過剰と**欠乏**
  - 生堆肥・未熟堆肥、未分解有機物の害(窒素飢餓、腐敗菌)

Ⅲ．有機栽培の短所を解決する技術(知識)を身につけること

- 正しい土壌分析
- 正しい施肥設計
- 正しい堆肥の作り方

ます。

有機栽培は、私のように家が農家でない場合には経験がありませんので、先ほどの話ではないですが、三年から五年は食べられないような状態になるわけです。その再現性がないところに着目していまして、そこが問題だということで……。その有機栽培の短所をどのように補っていくのかということを、ケミカルではなくてサイエンスの科学的な知識を身に付ける。正しい土壌分析、正しい施肥設計、正しい堆肥のつくりかたなどです。私には、もう一人、有機農法の師匠がいるのですが、その方がよく「ＫＫＤ」と言います。「経験と勘と度胸で、俺は今まで二〇年、有機をやっていた」とおっしゃいます。有機に限らず慣行農法もそうですが、ほとんどがそういうケースなのです。

しかし、それでは次が育たないですから、そこをクリアしていくと、ＢＬＯＦ理論でやっていた方の二年目以降の経営内容ですが、二期目の最終決算が九八〇万円、反収で二四五万円、三期目で一八〇〇万強を出して、六期目の最終決算が三四〇〇万円強でした。

二年目以降の経営内容

2期目(H 21年)→目標900万（経営面積.15棟/30a ）
最終決算　⇒　**980万**　　　**反収/245万**

3期目(H 22年)→目標1600万 (経営面積.25棟/50a ）
最終決算　⇒　**1800万強**　　　**反収/360万強**

6期目(H25年)
最終決算　⇒　**3400万強**　　　**反収/460万弱**

なぜ、このようなことができるのかというと、ＢＬＯＦ理論が土を団粒化させて、病害虫や草が生えにくくなるからです。こちらの言葉で手伝いのことを「てご」と言いますが、「てご」がかからなくなってきます。収穫量が二倍、三倍と上がっていくので、反収が上がっていますので、収穫量がものすごく上がるわけです。

また、野菜もきれいに揃います。この一畝がサツマイモのＳサイズ、隣の畝がＭサイズ、その隣の畝がＬサイズというように、土壌で分けて作物をつくることができる栽培方法です。今までの農業を覆すような農法です。

そして、何よりも栄養価がものすごく高いです。ホウレン草で一七度といって、メロン並みの糖度がありました。小学生がＢＬＯＦ理論でトマトを栽培したのですが、糖度が一二度で、ものすごく甘いスイカぐらいの糖度のものができました。小学生でもできてしまうものです。

私は農業の底上げを考えていましたので、ＢＬＯＦ理論をもっと広げて、経営から物事を考えたときに、販路がセットでないと農業は生業として成立しません。一般的に新

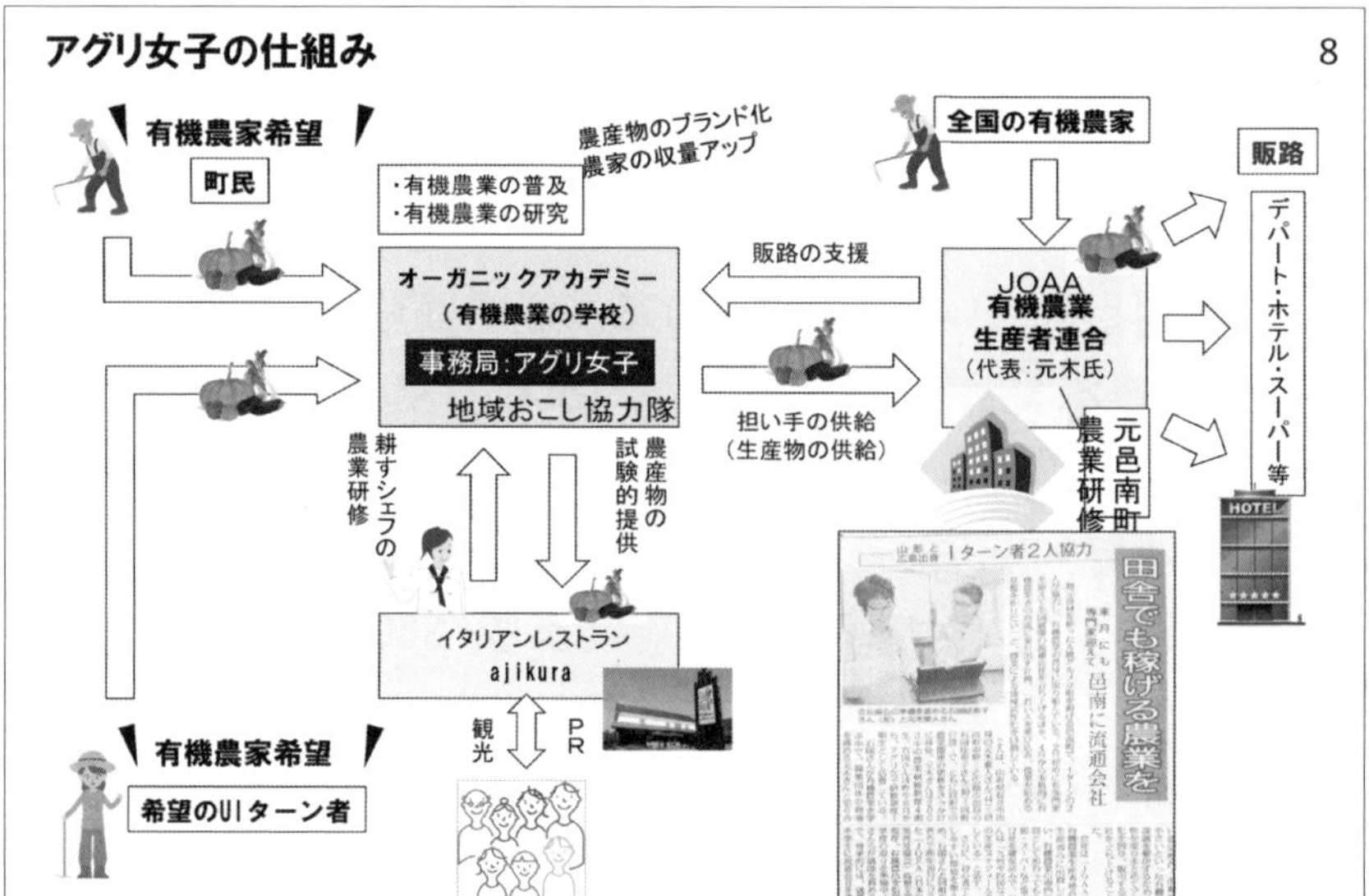

規就農者の多くが、いわゆる産直などに出されるのですが、産直というのは、お年寄りが陣取っていまして、価格競争が起きています。一束五〇円とか一〇〇円とか、生活できないような値段設定になっていたりします。お年寄りの方は年金で生活されているのでいいのですが、新規就農者にとっては大打撃になります。それでは生活がやっていけません。

いくら良いものをつくっても、売り先がなければ生活として成り立ちませんから、売り先をつくってしまおうということで、「JOAA（ジョア）」という生産者連合をつくることにしました。今、産地生産者の発起人を何十名か集めて会社を立ち上げるというかたちで準備しています。

BLOF理論をされる方の大半が脱サラの方です。エンジニアの方が多いです。やはり化学式も結構出てきますので、そのへんに強い方は絶対的に再現性ができます。二年目、三年目にはとんでもない野菜ができてしまうという面白さにはまっていくようです。

そういう方々をどんどん増やしていこうということで、学校を立ち上げて、先ほど大南さんがおっしゃったように、売り先がデパートやホテルやスーパーだけでは面白くありません。「地産地消」とよく言われますが、それは当たり前のことです。イタリアンのレストラン「ａｊｉｋｕｒａ」におろすのは当たり前です。私自身のもう一つの構想としては、最高クラスのA級クラスの野菜ができれば、いろいろなところからレストランに出したいという方が増えてくるわけです。地元で最高の野菜を使って、レストランをやりたいという若い人たちをどんどん誘致していくという次の段階に進むことができます。私自身は大きなハードも大事ですが、地元におろしていくかたちでもっていきたいということで、現在、動いております。四月には「オーガニックアカデミー」というBLOF理論の学校が立ち上がります。そういうかたちです。

○司会：ありがとうございます。また、新たな有機農業の六次産業化というか、展開が非常に楽しみですね。それでは、せっかくですので、基調講演をいただきました大南さんからも何かコメントをいただければと思います。突然で申し訳ないですが、いかがでしょうか。

○大南：お三方から、非常に示唆に富むお話をありがとうございます。特に、原さんが内発的な変化が大切だとおっしゃいましたが、私も非常に感じています。原住民も新住民も、両方とも内発的な変化を起こしていく必要があるのではないかと思います。

移住者と在住者に対する日本のほとんどの地方は、「誰でも来てください」と。でも、入った途端に「掟がある、ルールがある」と、そこで縛り込むわけです。結局、定着率が低くなるというのが現状ではないかと思います。今、神山町でやっているのは、入り口を絞り込むわけです。「こういう人、来てください」。でも、いったん入ったら、結構、自由にさせています。その自由度、緩さという部分が、結局は、ITベンチャーを生んだりするようになるのではないかと思います。入ってきた子たちというのは、結構、コミュケーションション能力の高い子たちです。いろいろな感覚の鋭い子たちです。その子たちが村の祭りを見て、「これは俺らが手伝わんかったら、続いていかんな」という内発的変化のもとで動き始めてくれたら、これは本物だと思います。

ところが、先に縛ってしまうわけです。「おまえ、住民になったから、この祭りには出ろ」みたいな感じで縛ってしまうと、若い世代の人たちは縛られることを好まないようになってきています。私自身も縛られるのは、あまり好きではありません。ですから、そこで縛らずに、最初の入り口を絞ることが大切だと思います。そして、だんだんと内発的変化を起こしてもらって、本物の新住民をつくっていく必要があるのではないかと思います。

やはり生物も同じように、地方も適者生存だと思います。適者生存の世界では、現在の強者が生き残り、弱者が滅びるという話ではないと思います。何が残るかといえば、環境に適応した地方が生き残ると思います。受け入れ側の自分たちも変わらなければいけないということです。

そうしたなかで、NPO法人グリーンバレーでいつも大事にしている三つのキーワードがあります。「オープン」「フラット」「フレキシブル」です。

オープンというのは、内と外の境をつくらないことです。私たちの場合は、外部者と内部の人間で線を引きません。

フラットというのは、上下関係をつくらないということです。ITベンチャーで入ってきた人たちも、僕らもほとんどフラットな状態です。「ITベンチャーさん、来てください」と頼んだことはないです。頼むから、相手を一段上に置く、あるいは自分たちが一段下にへりくだってしまう。人間はフラットではない状態は心地よくありませんから、疑似のフラットの状態をつくるために、助成金や支援金を出してゲタを履かせるわけです。疑似のフラットな土壌をつくっていると思います。人によって、この人に入ってきてほしいと思うと、余計なもの、ゲタを履かせるわけです。それを外から客観的に見ると、これは非常に不安定な場所に見えてきます。足下の定まらない場所になるから、そういう場所へは人間は来たくないわけです。

フレキシブルとは何かというと、自分たちの枠をつくらないことです。とかく日本の地方もそうですが、入ってきて、「こんなことをやりたい」と若い子が言い始めると、「いや、これはやられたら困る」と。やられて困る基準は何かというと、自分たちのつくった枠です。その枠は何でできるのかというと、過去につまらないことで失敗した、一〇年前に失敗した、それがトラウマになって残っていて、何も問題になりそうにないことでも、規則の枠でやらせないから、新しいことが始まらないのです。

神山町では、ストップをかけるタイミングに気を付けています。やらせたあとでストップをかけることを心掛けています。止める段階をワンテンポ遅らせるわけです。ですから、自分たちが想像もできないことが起きてくるので、いろいろなことが発生してくるのではないかと思います。

やはり、入ってくる人間も原住民も変化していかなければいけません。そうでなければ、これからの時代には取り残されて、ある面、消滅する可能性が高いのではないかという気がします。以上です。

○司会：大南さん、ありがとうございました。では、コメンテーターの黍嶋さんからも、最後にコメントをいただきたいと思います。お願いします。

○黍嶋：一点だけ補足、意見を述べさせてもらいたいと思います。十数年前でしたが、このような経験をしました。ある集落の集会の会場へ行ったときに、そこには三つの列がありました。机が三つ並んでいました。床の間のある上座に座っているのが、集落の長老です。真ん中に若い衆といわれる人たちが座っていました。一番端っこに外から来た移住者が座っていました。このような光景に出くわしました。そこでは、運動会の打ち合わせがおこなわれていました。

長老が「昔は、こうだったから、それをそのままそっくり受け継いでいけ」と、そういう運動会をやろうということをおっしゃっていました。

そこが、今日のお話のところだと思います。年寄りの人たちは頑として譲らない。真ん中の人たちは中二階のようなところで上にも下にも動けない。新規の人たちは「俺たちの出番がないじゃないか」という繰り返しをやっていました。

その集落へ入ると、「人が減って困った。人がいなくて困った」と言うので、「寄って、たかって、みんなで入ってきた人を追い出すことばかりをやっているんじゃないか」と言ってしまったものですから、そこで散々言われて帰ってきたことがあります。

私もそうですが、当事者ですので、他人事ではないのですが、自分たちが変わるためには、大変な努力をしないと変わらないと思います。先ほど「気づき」があるという話がありましたが、気づかせてくれるおせっかいな人がいないと、おそらく村の人たちは変わらない、変わろうとしないということです。

当時の村長が「半体制」ということを言っていました。半分外側で、半分が内側、そういう半体制みたいな人が出て来ないと、自分たちは変われないのかなと。いくら村づくり、地域づくりといっても、自分たちが変わらなければ、人は来ない。単純にいうと、こういう理屈です。

地方再生などと言っていますが、確かにメニューをつくるとお金がつくと思います。その大きなお金に目がくらんではいけないと思います。お金があるからやるのではなくて、いかに自分たちで知恵を出すかということをやらなければいけないと思います。

これは受け売りですが、飯田市長が先月の会議のときに、南信州の方ならわかるかもしれません。方言で「ずくを出せ」という言葉があります。しっかり頑張って知恵を出せ、汗をかけという意味の方言です。これは卑下する言葉ではなくて叱咤激励をする言葉です。自分たちがはみ出さない限り変われないのではないかと。移住・定住を考えるのであれば、まず自分たちがどう変われるのかということを考えないと、何度繰り返しても続いていかないと思います。

苦しくても、まず自分たちの地域のことをしっかり見ることをしないと、いくら議論しても行動につながっていかないということが、今日のお三方のお話を聞いて思いました。また、大南先生のお話を聞いたときに気づかされたことは、結局、私自身、傍観者であって当事者ではないのかなと。そういうことを反省しながら、まずは行動を起こすしかないのかなと考えたところです。

○司会：どうもありがとうございました。それでは時間になりましたので、最後に私から本日の論点を、多岐にわたったと思いますが、三点ほどまとめさせていただきたいと思います。

まず一点目は、受け入れ地域の「場」の重要性があるということを、あらためて感じました。つまり、雰囲気の良さ。大南さんの言葉を使えば、「やったらええんちゃうん」でしたか。そういう緩さが非常に重要なのだろうということをあらためて感じました。

そのためには二番目に、これも再三再四、黍嶋さんからもコメントがありましたが、「共変わり」をする必要性ということだと思います。「風の人」は、当然、入ってくるからには、こういう慣わしに従ってもらわなければいけないということはある。しかし、それと同時に、「土の人」も変わる。「共変わり」の必要性をあらためて感じました。

おそらくコミュニティのかたちも、これから変わっていかざるを得ないと思います。これは都市部でも同じ問題だと思います。外部人材を受け入れている地域から、二一世紀の人口減少下の新たなコミュニティのモデルが立ち上がるのではないかという期待を抱きました。

三点目です。とはいえ、やはり人口減少を止めることができない。そのなかで、原さんからもお話がありましたが、自給圏という考え方は私も非常に重要だろうと考えています。地域自給圏という考え方です。二〇一四年度、山形県の置賜郡《おきたま》で、「置賜自給圏」という地域圏を立ち上げる試みが始まったと聞いています。この構想と類似しているのが、フランスの「ペイ」と呼ばれる郷土圏づくりの試みです。これは農山村と小都市、地方都市を含んで、非常に強いまとまりのなかで契約を持つプロジェクト空間です。フランス全土に四〇〇近くあるそうです。置賜自給圏のなかには、有機農業で有名な高畠町、レインボープランで有名な長井市、住民自治組織で有名な川西町などが含まれています。この自給圏のなかで、エネルギーや食の自給を考えていくということです。

つまり、このようなまとまりの強い自給圏、地域圏をつくることで、人の流動性が高まるのではないかと感じます。必ずしも定住することだけではなく、人が流動することを通して、情報や文化等がフェイス・トゥ・フェイスで伝わっていきます。このような流れのなかで、場が撹拌されて新たな創造―もちろん仕事の創造も含まれます―が起こってくるのではないかと感じました。その意味でも、地方創生は地域自給圏や地域経済の循環を念頭に置きながら考えていく必要があるのだろうと感じた次第です。

このセンターは越境地域政策を考える拠点です。この目的と人材育成をいかに結び付けていくのか。これがセンターの人材育成部門の今後の課題です。あらためて今日のシンポジウムで得られた知見を参考にしながら、今後、調査・研究・交流を進めていきたいと考えております。

それでは、予定をしておりました九〇分を若干オーバーしてしまいましたが、以上をもちまして、パネルディスカッションを閉じたいと思います。本日は長時間にわたりありがとうございました。

三遠南信地域連携ブックレット 5

人をコンテンツにする地域づくり

2016年2月15日　第1刷発行

文部科学省共同利用・共同研究拠点「越境地域政策研究拠点」
愛知大学三遠南信地域連携研究センター

発行＝シンプリブックス（株式会社シンプリ内）
〒442-0807 豊川市谷川町天王259-2
Tel.0533-75-6301
http://www.sinpri.co.jp
印刷＝東海電子印刷株式会社

ISBN978-4-9907005-8-4　C0336